目標達成を体得できる
「幸せの7つのろうそく」

～セールスの成功法則～

株式会社WINRING
代表取締役社長
勝谷慶祐
Keisuke Katsuya

GOMA BOOKS

はじめに

「人間、本気を出せば何でもできる！」

「諦めなければ絶対に叶う！」


これは僕が大嫌いな言葉である。

そんな精神論で、いったい何ができる？

しかし自己啓発のカリスマたちは、こうした言葉で教えを乞う人たちを鼓舞する。

目標達成・能力開発コンサルタントとして活動する僕も、そうした自己啓発のカリスマたちと同じような思考だと思われがちなのだが、実はまったくちがう！


安心してほしい。

僕は「ノルマ」という吐き気をもよおす数字にふり回されてきた側の人間で、精神論ではどうにもならないことを知っている。

まぎれもなく苦しい時代になってきた。

昭和の頃の、日本が経済成長を遂げて輝いていた時代とはちがうとよく言われるが、平成元年生まれの僕は、そもそもそんな時代を知らない。

だから景気のいい時代と比べているわけではないのだが、今がセールスを生業とする者にとってどんなに苦しい時代かということはひしひしと感じている。

「売れない」「伝わらない」「自信がない」と思っているあなたに対して、自己啓発のカリスマはこう言うだろう。

「売っていないだけ」「伝えていないだけ」「自信は行動した人だけにつく」と。

さらにはこうだ。


「人間、本気を出せば何でもできる！」

「諦めなければ絶対に叶う！」

そんなことを言われても、社会人として働いている多くの人たちは、自分なりに本気で、諦めずに仕事をしているはずだ。

〝本気〟や〝諦めない〟といったあいまいな言葉からは、具体的なアドバイスは生まれない。


じゃあ何をすればいいんだよ……。


僕には、こんな途方に暮れた言葉が聞こえてくる。

そして、そんな声に応え、導くことこそが、自分の使命だと思っている！

そう、僕は本書を「セールスマンにとって必読の書になれば」という想いで書きはじめた。

ただ、ここで伝えておきたいことは「人間は全員セールスマン」であるということ。

好意を持った女性にセールスをしている。面接で選んでもらうためにセールスをしている。お客さまに選ばれるために日々経営者もセールスマンなのである。

すべての人にこの本を読んでいただけたら、嬉しい。

あなたにももちろん目標があるだろう？
その目標は何だろう？

どんな仕事がしたい？
月収は？　年収は？
誰と一緒にいたい？
何か欲しいものは？
やりたいことは？
やり抜きたいことは？

……できる限りイメージしてみてほしい。

その目標を達成する秘訣は「セールス」である！


セールスは商品を売るお仕事ではない。

それは自動販売機に任せておけばいい。


自分という人間を売ることがセールスなのである。


自分を売るということは、ジャイアンに媚びを売るスネ夫になれ！ということでもない。

自分の価値を自分で表現することができ、お客さまから選ばれたり、価値を与えられる存在になるのだ。

だから、セールスを極めればたいていの目標は達成するのだ。

今活躍している大手・中小企業の社長さんも、セールスで物凄い結果を出していた人が多いことに気づくだろう。

セールスは人生である。

ただ僕が伝えたいセールスは、テクニックのことではない。

この瞬間に「なんだ……テクニックじゃないのか」と思った方。

もう少し我慢して読み進めてほしい。

僕は断言したい。

今、あなたの目標達成に必要なものは、テクニックではないのだ！

すべてはマインドなのだ！

マインドと聞くと、冒頭の「本気を出せば何でもできる」のような精神論や根性論をイメージするかもしれないが、ハッキリと言っておく。

「まったくちがう！」

今のあなたは、選択と決断の連続帯で形成されている。

マインドを体得してない「選択」と、マインドを体得してない「決断」をし続けた人の結果は、言うまでもない。

だから、まずはこの本を読む！と選択し、決断してほしい。

この本を真剣に読んでインストールすれば、きっとあなたの一生を変えるほどの力になる。


もう一度言う。選択と決断だ。

太る選択と太る決断をし続けた人は、今現在必ず太っている。

人生、セールス、経営、起業でも一緒だ。

あなたもこれからさらに人生を素晴らしいものにすると「選択」し、「決断」してほしい。

あなたは必ず変われる。

本書を読み進め、生まれ変わった状態で、また「おわりに」で再会するとしよう。

2017年7月

株式会社WINRING
代表取締役社長　勝谷　慶祐

目標達成を体得できる「幸せの7つのろうそく」~セールスの成功法則~推薦のことば

薄田典靖
株式会社てっぺん　取締役社長
・株式会社てっぺんに入社2年で店長となり、過去最高売上げを達成。
・全国1500店舗、来場者5000人を集める居酒屋甲子園で日本一の店長となる。
・入社4年で取締役社長となり、直営5店舗、セミナー、教育事業を運営。
・2016年に独立、【若者から日本を元気に】という目的のもと活躍中。

20代前半の時にこの本を読んでいれば、、そう思わずにはいれませんでした。

三澤拓
パラリンピック選手（アルペンスキー）
・著書『15歳・拓の挑戦』（日本放送出版協会）
・トリノ、バンクーバー、ソチ、冬季パラリンピック三大会連続出場
・トリノパラリンピック回転5位入賞、バンクーバーパラリンピックスーパー複合6位入賞、ソチパラリンピックスーパー大回転9位

セールス云々以前に人を惹きつける若いパワーとコミュニケーション能力。勝谷自身どん底を経験したことがあるからこそ分かる幸せへのきっかけ作り。

西岡慎也
株式会社ファッションスタイリストジャパン　代表取締役
・ファッションコンサルティングを2万名へ提供。
・心理カウンセラー心屋仁之助氏のコーディネートも8年間担当。ベストセラー作

家に。
・著書に『成功は服が決める』（セブン&アイ出版）

勝谷さんは、人生に必要な【コト】のバランスを7つのロウソクとした。言葉に色眼鏡を掛けなくてすむ思いやりの言葉である。僕自身も起業して、20年近く経つがこれだけ分かりやすく表現出来たのは彼だけだろう。

朝妻拓海
ENG Startup代表
・英語コンサルタント
・95%以上が3ヶ月で決めた目標を達成、その後はお客様自身でみるみる英語力がアップする。
・お客様満足度90%の実績を誇る。

私は創業以来、多くのお客様に「7つのろうそく」を体現し続けてきました。その結果多くのお客様に選んでいただくことができました。

この本を読めば、自ずとこの言葉の意味がわかるはずです。ページが破れるくらい読んで下さい。

それくらいの価値がこの本にはあります。

石井講祐
プロバスケットボール選手
・天皇杯優勝
・Bリーグ・スリーポイントランキング全体2位（成功率41・8％）
・日本代表候補初選出

私はバスケットボールというスポーツの世界ですが、彼が言っていることは全ての目標達成に通じると思います。幸せの7つのろうそくを現象化すれば絶対にあなたも変われる。

広瀬聖夜
GENE（ジーン）代表
LECTEUR（レクトゥール）副代表
・紳士服、バッグ、小物等の販売
・販売員支援事業
・2年で603名の顧客数を獲得

「テクニックではなく、マインド」

勝谷さんから学んだ言葉です。

ただマインドといっても根性論ではない。

勝谷さんと出会い、それを痛感しました。

そして日々本気で寄り添ってくれます。

僕をいつも支えてくれる勝谷さん。
皆さんにもぜひ勝谷慶祐という男に触れてみてください。
きっと皆さんにとって、良い学び、良い出逢いになると思います。

田村功晟
株式会社ヤマトソリューションズ 代表取締役
・法人営業専門コンサルタント
・法人営業にて顧客づくりで全国表彰
・独立後15年以上ダイレクトメールの実務経験 ・経営基盤の強化と感謝力向上の人材育成を主旨目的とした〝ありがとうハガキ〟ドットコム事業。

人には夢やビジョンがあります！
身近で言えば「目標」ですね！
その夢、ビジョン、目標を叶えると決めた時、必ず襲いかかってくるものがあります。
それは「苦難」「困難」「逆境」です。
これに打ち勝っていかなければ、
夢、ビジョン、目標は叶えられないと思っています。

その打ち勝つ方法を
勝谷慶祐さんの「7つのろうそく」は教えてくれます。

これからの私たちの経営環境は
少子高齢化社会とAＩの出現でどのように変化をするかわかりません。

そこで今後大切になるのが「7つのろうそく」の考え方です。
「7つのろうそく」はきっと
未来を切り開く人の軸になり機動力になり、行動の手助けをしてくれますね！
これからのビジネスにおいてとても大切な事ばかりです！

目次

はじめに……2
目標達成を体得できる「幸せの7つのろうそく」～セールスの成功法則～推薦のことば……10

序章　世界を変えたい！　マインド次第で世界は絶対に変わる！……23

第1章　結果を出すために必要なこと

●マインド8割、スキル2割……36
●人格主義……39
●マインドレシーブマインド……42
●マインドレシーブマインドがある人の特徴……47
●幸せの7つのろうそく……51

●現象化する重要性……56

第2章 「素直」のろうそく

●「素直」とは……62
●「素直」の裏側に「頑固」がある……67
●「素直」にたどりつくＷＯＲＫ……68
●セールスにおける「素直」とは？……71
●エピソードＯＮＥ～「頑固」から「素直」へ……75

第3章 「謙虚」のろうそく

●「謙虚」とは……82
●「謙虚」の裏側に「傲慢」がある……86
●「謙虚」にたどりつくＷＯＲＫ……88
●セールスにおける「謙虚」とは？……91
●エピソードＴＷＯ～「傲慢」から「謙虚」へ……94

第4章 「感謝」のろうそく

●「感謝」とは …… 100
●「感謝」の裏側に「当然」がある …… 104
●「感謝」にたどりつくＷＯＲＫ …… 106
●セールスにおける「感謝」とは？ …… 108
●エピソードＴＨＲＥＥ～「当然」から「感謝」へ …… 111

第5章 「愛」のろうそく

●「愛」とは …… 118
●「愛」の裏側に「憎しみ」がある …… 121
●「愛」にたどりつくＷＯＲＫ …… 123
●セールスにおける「愛」とは？ …… 126
●エピソードＦＯＵＲ～「憎しみ」から「愛」へ …… 129

第6章　「自責」のろうそく

●「自責」とは …… 136
●「自責」の裏側に「他責」がある …… 141
●「自責」にたどりつくWORK …… 143
●セールスにおける「自責」とは？ …… 145
●エピソードFIVE〜「他責」から「自責」へ …… 148

第7章　「主体性」のろうそく

●「主体性」とは …… 154
●「主体性」の裏側に「受け身」がある …… 159
●「主体性」にたどりつくWORK …… 160
●セールスにおける「主体性」とは？ …… 163
●エピソードSIX〜「受け身」から「主体性」へ …… 166

第8章　「熱意」のろうそく

●「熱意」とは……172
●「熱意」の裏側に「怠惰」がある……175
●「熱意」にたどりつくＷＯＲＫ……178
●セールスにおける「熱意」とは？……181
●エピソードＳＥＶＥＮ～「怠惰」から「熱意」へ……184

第9章　すべてのろうそくが灯る好循環をつくり出そう

●マインドレシーブマインドの連動……190
●ひとつが消えればすべて消える……193
●それぞれの炎を意図的に現象化しよう……196

おわりに……200

序章

世界を変えたい！
マインド次第で
世界は絶対に変わる！

本気で思っているからこそ、僕はＷＩＮＲＩＮＧを立ち上げて想いを伝えようと走り続けている。

株式会社ＷＩＮＲＩＮＧは、目標達成・能力開発のコンサルティング、アドバイスを行い、個人のお客さまと、法人のお客さまを対象とした成果向上の鍵となる会社だ。

主に「セールスマン」「個人事業主」「脱サラ願望者」のセールス分野での大きな成長をお手伝いするコンサルティング会社である。

もちろん、想いだけではビジネスなんてうまくいかない。

そこに、自分の経験と学びに裏打ちされた確かなテクニックが必要なことは当然のこと。

ただ、テクニックに頼るばかりで想いが薄ければ、それは表面的なノウハウの域を出ない。

本当のコンサルティングは、表面的なものであっていいはずがない！

今、こうして熱く語れる自分にも、悩み苦しんだ時期があった。
でも、だからこそ伝えられることがあるのだと思っている。
「自分が結果を出せるからって、みんなが同じようにできると思っているのか？
コンサルティングなんて、えらそうに……」
そう思われてしまうかもしれない。
けれど、僕は決して順風満帆にうまく生きてきた人間ではない。
もがきながら考え、ひたすら学び、今がある。

優等生どころか勉強とは無縁で、バスケットボールばかり追いかけて脳みそを働かせることなどなかった僕が、心を病んで薬に頼らなければ生きていけなかった僕が、どうして今、こうして筆を執るまでになれたのか。
まずは、それを伝えたいと思う。

僕は千葉県で育った。
小学校3年の時からバスケットボールをはじめ、夢中でボールを追いかけるようになった。

勉強は大の苦手で、学校の成績はどの科目もだいたいC。やる気もない。

所属していたのは弱小バスケットボールクラブだったけれど、勉強なんかよりとにかくバスケットだ！

中学生になって、当然のようにバスケットボール部に入る。

まずまず強い部で、僕が部長を務めて県のベスト8という成績を残せた。

かなり頑張ったおかげで、千葉県ではバスケ強豪校として知られていた県立八千代高校の体育科にスポーツ推薦で入学。

またバスケに打ち込んでインターハイの選手にも選ばれ、一点の曇りもないスポーツマンの鏡のような日々を過ごしていた。


そんな中、高校2年生の時……。

想像もしていなかったある不幸に見舞われ、悲劇に打ちのめされた。

その出来事について、今もあまり思い返したくはない。

それまで、ただまっすぐに生きてきた自分の人生に、取り返しのつかない傷ができてしまった。

それをきっかけに、僕の精神状態はバランスを崩し、精神安定薬なしではいられなくなってしまったのだ。

地獄のような日々がはじまった。

その地獄から、自力で抜け出すことはできなかっただろうと思う。

ただラッキーだったのは、自分に合う優秀なメンタルトレーナーと出会えたこと。ドグマチールとコンスタンという精神安定薬を飲んでいた僕に、「たとえば常に過度なストレスにさらされている有名なスポーツ選手だって、同じ薬を飲んでいる。君も彼らと同じだよ。薬を飲むことが悪いわけじゃない」と声をかけ、気持ちを楽にしてくれた。

おかげで薬と仲良くつき合っていくという考え方ができるようになり、一時は離れていたバスケットボールにも復帰。また頑張ることを思い出した。

大きくつまずいた経験を胸に、黙々とボールを追ううちに卒業後の進路を考えなくてはいけない時期になっていった。

幸いにもバスケに復帰できたから、順天堂大学にまたもスポーツ推薦で進学できることが決まった。

引き続きバスケに打ち込みつつ、大学で学び、体育教師になろう！

高校も大学も、ろくな受験勉強もせずに進学した僕は世の中を舐めていたのか、軽くそう考えていた。

しかし大学生になり、大人になっていくにつれて精神のバランスがまた取れなくなっていった。

思ったほど、ものごとは簡単には進まない。

そして、高校時代のつまずきが心に重くのしかかる……。

薬を飲み続けていた僕は、その時点で薬の量を増やすか、薬を増やさずにバスケを諦めるか、どちらかを選択せざるを得ないほどに追い込まれた。

薬を増やすことは恐怖でしかない。

それならもう、バスケを辞めよう……。

小学校3年から続け、自分の存在意義のように感じていた〝バスケの選手であること〟を自ら捨てたのは、大学3年生の時だった。当然のことながら、教員採用試験という大きい壁を越えて体育教師になろう！という気持ちも日に日に薄れていた。

その後は、「服が好き」という単純な理由から、パルコ系列に店舗を持つアパレルでアルバイトをはじめた。

僕が働いたのは、今は亡き（？）千葉パルコだ。

なぜ今はないのかと言えば、パルコの中でその当時の売上げワースト1！が千葉パルコだったから。

千葉駅から徒歩10分もかかり、ライバルである千葉SOGOに全部の売上げを持っていかれ、集客のための工夫も何ひとつされていない。

集客のセオリーとして、最上階にはお客を吸い上げるために目玉となるお店や飲食店を配置するのに対し、千葉パルコの最上階にあったのは、サブカルの殿堂のようなヴィレッジヴァンガード。

売上げナンバー1の浦和パルコの最上階は映画館や叙々苑だから、その違いは歴然だ。

お金に余裕のありそうなお客さまが、映画館、叙々苑から下の階に降りながら買い物をしてくれる。

ひるがえって客層が違い、地の利も悪い千葉パルコ。

その中にあって、僕はそのアパレルショップを売上げナンバー1の店舗にした！

その結果、アルバイトでありながら、店長を任されることになる。


大学4年。

進路を模索していた時期にアパレルの接客で結果を出せた。

短期的に売上げを上げることはできても、長期的に上げ続けることは難しい。

夢中で考え、工夫をし、体を動かしていた。

そんな忙しい日々の中、気づけば薬を飲むことを忘れ、薬なしでも精神状態が安定するようになっていったのだ！

接客が僕を救ってくれた。

知らなかった生き方を教えてくれた！

大学卒業後は、そのままアルバイトから正社員となって、エリアマネージャーに。

1年後には人事部教育担当となり、スーパーバイザーとしても戦略的な店舗運営に関わっていった。

やがて自分なりの戦略が確立していくにつれ、それを自社にとどまらず、もっと広く普及させたいと考えるようになり、接客・人材育成コンサルタントとして独立を決意した。

WINVALLEY。

それが、僕が最初に起業した会社の名前だ。

名字の勝谷を、そのまま英語に当てはめた。

しかし、今思えば、WINVALLEYはコンサルタントごっこのようなものだった。

お客さまに財布のひもをゆるめてもらうにはどうしたらいいか？

そんなスキルに頼ったコンサルタントだった。

そこに、僕が今もっとも大切にしているマインドはなかった。

そもそも、マインドに嫌悪感を抱いていたぐらいだ。

どうも思うようにいかない……。

この頃に、業界で著名なサービスコンサルタントのセミナーに参加し、衝撃を受けた。

今まで自分がやってきたことじゃ足りない！

マインドがなければ、スキルに意味はなかった！

もっともっと学ばないとダメだ！

すぐにその師匠に手紙を出し、弟子入りを志願。改めてここで教えを受けて、はじめは無給で夢中で働いた。

寝る間もないほど、忙しい中でも、課された読書をこなして必死で吸収した。

この経験が、今の自分を形づくってくれたのだと思う。

鍛えてもらえたことに感謝したい。

そして2015年9月、どんな人でも目標達成できる原則に気づき始め、新たに自らコンサルティング会社を設立した。

勉強のできないバスケ馬鹿で、心を病んで地獄を見た。

そんな自分だから、もともと能力があるわけじゃない。

それでも、いつも一生懸命ではあった。

弱小バスケチームでも腐らず、うまくなりたくて練習した。

同じように、売上げの上がらない店のアルバイトでも、少しでも店に貢献できればと工夫と努力を重ねた。

起業してうまくいかなくても、尊敬できる師を見つけて、自分の時間をすべて捧げて学んだ。


そこにあったのは〝気持ち〟だったと思う。

マインドを軽視していた自分が、実はマインドによってここまで来れたのだ。


誰もが気持ち、すなわちマインドを正しく学び、得れば、きっと目標に届くことができる！

アパレルで結果を出した後、さらに学び、さらに自ら考え、導き出したセオリーがある！

目標達成・能力開発コンサルタントとして、セールスの結果を出すためにどうすればいいのかを日々お伝えしているが、僕の人生を見てもわかるように、僕のセオリーはセールスだけに限らず、どんな場面にも生きてくるはずだ。

だから、世界は変えられる！
売上げという結果を出すだけではない。
ビジネスに限ったことでもない！
一人ひとりがマインドの大切さに気づき、よい方向へ伸ばしていくこと。
たゆまぬ努力でマインドを磨き上げること。
それができれば、本当に笑顔があふれる幸せな世界が待っている。

さあ、信じてページをめくってみよう！

第1章

結果を出すために必要なこと

●マインド8割、スキル2割

あなたには売るべき商品がある。

それは消しゴムかもしれないし服かもしれないし、家かもしれない。

業務用デスクかもしれないしエレベーターかもしれないし、保険かも、あるいは研修マニュアルかもしれない。

個人向けや法人向け、いろいろなお客さまに向けて、モノやサービスといった有形無形のありとあらゆるものが商品になり得る。


しかし、どんな商品であれ、売上げを上げるために必要なことは同じである！

スキルとマインド。

スキルはわかりやすい。具体的に何を実践すればいいのか、目に見えるものである。


お客さまを褒めて共感する。

目を見て心の動きを読む。

食事など打ち解けやすい場をつくって商品説明をする……。

成功を目指し、こうした即効性のあるわかりやすいスキルをたくさん学び、蓄えて実践する人は少なくない。

しかし、スキルだけでは決して成功することはないと肝に銘じてほしい！


大切なのはマインドである。

成功は、マインドが８割！

そしてスキルが２割。

これは多くの成功者も口揃えて伝えているはずだ。

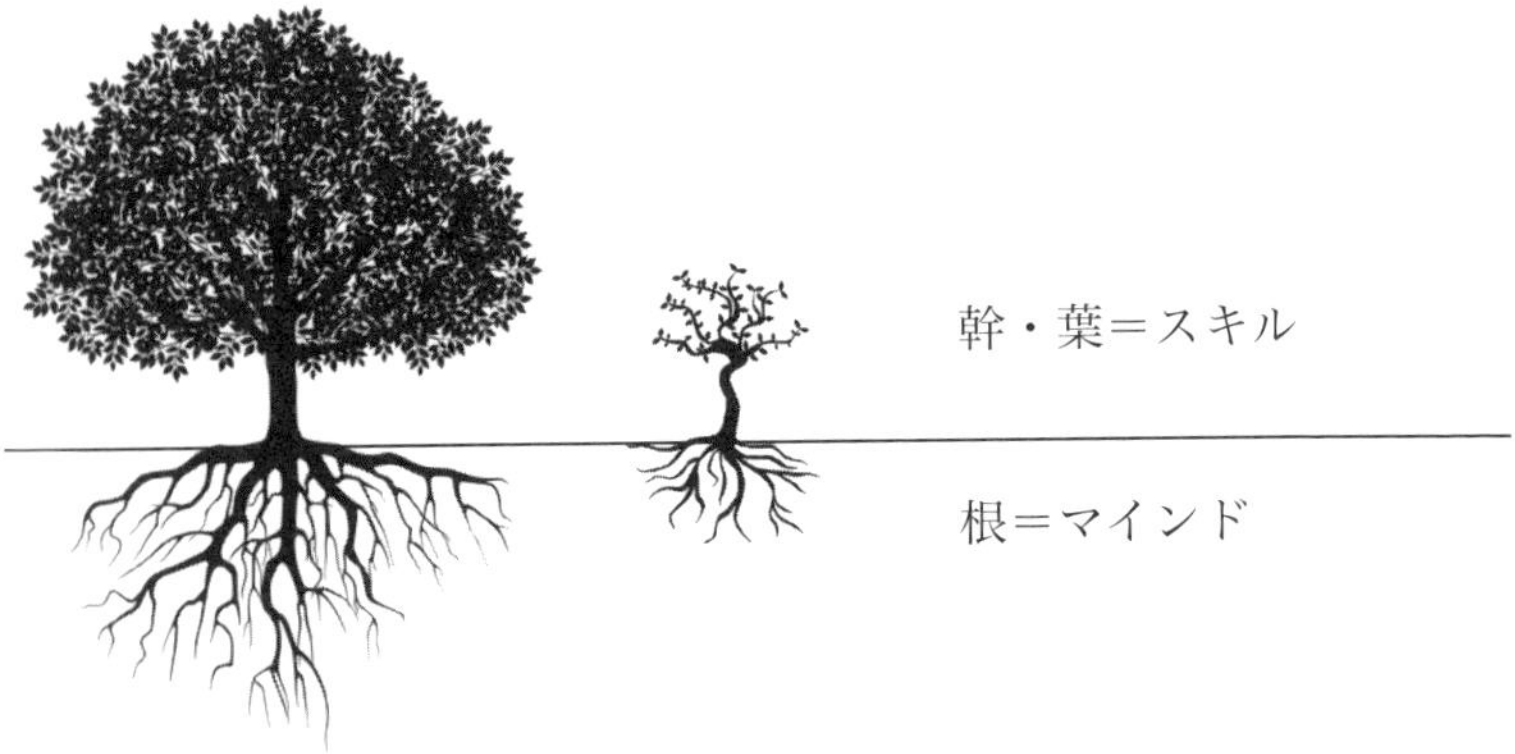
幹・葉＝スキル
根＝マインド

1本の木を想像してみよう。

目に見える幹や葉は、スキルだ。

そして、見えない地中の根がマインド。

幹が力強く伸び、葉が青々と生い茂るためには、地中の根がしっかりと深く張り、十分に養分を吸い上げなくてはならない。

つまり、マインドがしっかりしていてこそ、スキルが生きてくるのである。

マインドのないスキルは、根腐れして倒れかけた木と同じ。

そんなスキルで、商品なんて売れるわけがない！

●人格主義

まずはマインドだ！

誠実さと熱量をもってセールスをしなくてはならない。

心からお客さまのためを想うこと。

もしかすると、時には商品を買っていただくのではなく、教え、学びを〝セールス〟していることにつながるかもしれない。

よいマインドを持つこと、すなわちよい人格を手に入れることこそ、成功への近道だ。

これをWINRINGでは〝人格主義〟と呼ぶ。

セールスの場に限らず、どんなときもまわりの人を想い、考え、自ら変化しなければならない。

そう、多くの人に変化し続けている姿を見せなければいけない。選ばれる人格を身につけるのだ。

変化し続けている人から学びたいと思うのは当たり前のことである。誰一人完璧な状態な人間なんていないのだから。

相手を真剣に想い、相手からも信頼される人になれたとき、あなたは望むような結果を出せるようになるだろう。

セールスはもちろん、すべてのことにおいて。


ちなみに、僕自身もはじめはマインドを軽視しており、嫌悪感さえ抱いていたということを序章でも述べた。

マインドという言葉からは、元テニスプレイヤーの松●修●さんのような、ひたすら熱い精神論を想像してしまう。

あれはあれで、勇気づけられる人がいて意味があることだとは思うが、セールスのようなビジネスの場では勢いだけではダメだ。

ビジネスでは勢いだけで語る精神論に意味はなく、理論的に戦略を練らなくてはいけない。

だから、はじめはマインドに頼らないコンサルティングこそが正しいと思っていたのだ。

しかし、実はマインドも理論で語れるし、理論的なマインドこそがビジネスには必要であることに気づいたのである！

マインドをよい方向に伸ばせば、長期的に安定して大きな結果を生み出せる！
人格主義の考え方を身につけて、今すぐマインドを伸ばしはじめよう！
そうすれば必要なスキルは後からついてくる！

●マインドレシーブマインド

セールスに必要なマインドは、実際にコンサルティングを行う中で伝えていく。
基本的なものを少し挙げるのならば、次のようなマインドがある。

＊商品をアピールするより、お客さまのなりたい未来を聴く
＊信頼していただける誠実な対応をする
＊お客さまをコントロールしようとせずに、お客さまのために自分がコントロー

ルする
＊自分の利益ではなく、お客さまの利益を考える
＊お客さまに対する感謝を、表面的な言葉ではなく行動でしっかりと伝える

セールスとは何かを考え、お客さまの感情を常に意識しながら、セールスのステップを正しく踏んでいく。

そのために必要なマインドの、これらはほんの一例である。


こうした例に触れて、「そんなことはわかっている！」「当然のことでしょ！」と思うかもしれない。

確かに、頭ではわかるという人は少なくない。

しかし、本当に心から理解できているのか？

「じゃあ、マインドがあれば売れるんでしょ⁉」

こんな風に、簡単に考える人にもマインドがない。

わかったつもりになっている人ほど、実はわかっていないことが多い。

まず、「わかっている」と思った時点で傲慢になっているからだ。

これからしっかり説明していくが、傲慢さはマインドの成長を阻害する。

マインドの良し悪しこそが、あなたの人生を決める！

しかし、いきなりマインドを成長させようとしても、それは簡単ではない。

そもそもマインドの勉強方法ってなに？　やっぱり精神論？

僕はコンサルティングでマインドの大切さを伝えながらも、伝える難しさに直面してきた……。

理解してもらえたと思っても、結果がなかなか出ないのである。

どんなに正しいことを言っているつもりでも、売上げアップという目に見える結果につながらなければ、コンサルティングは失敗だ。

そんな経験をくり返す中で、気づいたのである！

「マインドを受け止めるために必要なマインドがある！」

どんなにマインドを伝えたくても、それを受け止められる土台となるべきマインドがなければ、意味がない。

凄腕コンサルタントから学んでも成功しない人は成功しない。それはどんなことからでも学ぶための土台の欠如からきている。

まずは、その土台づくりからはじめなければならないのではないか。

この、マインドを受け止めるためのマインドを〝マインドレシーブマインド〟と名付け、コンサルティングの場で伝えるようにした。

すると、マインドレシーブマインドについて理解し、それを表現できるようになったお客さまは、すぐさま例外なく目を見張るほどの大きな変化を見せたのだ。

そして、長期的に安定した成果を出し続けた！

一方で、マインドレシーブマインドを理解できない、あるいは最初から否定している人は、結局はマインドを成長させることができずに、いつまでも安定した成果を出すことができなかった。

この結果には僕自身が『こんなにもちがうものか！』と驚かされ、それと同時にマインドレシーブマインドの重要性を確信するようになった。

短期的な成果なら、どんな人でも出せる。

究極論、お客さまに「嘘」を言えば誰でも売れるし、成果は出る。

しかし、長期的に安定した成果を出すためには、必ずマインドが必要なのだ。

そして、マインドを吸収して自分のものとするためには、マインドレシーブマインドが必要！

マインドレシーブマインドのない人間には、よいマインドは育たない！

よいマインドのないセールスに、結果はついてこない！

マインドレシーブマインドの有無こそが、あなたの成功を決めている。

それを肝に銘じ、あなたには7つのマインドレシーブマインドがあるのかどうかを考えていってほしい。

●マインドレシーブマインドがある人の特徴

では、マインドレシーブマインドがあるとは、どういうことなのか。
僕は、次のような特徴があると考えている。

①「素直」
どんな事実も素直に受け止め、考える人

②「謙虚」
「自分はすべてを知っているわけではない」と、謙虚に学ぼうとしている人

③「感謝」

身のまわりのすべてのことを当然ではなく、ありがたく思えるようなことだと考えられる人

④「愛」
自分と関わるすべての人に、無償の愛やプラスを与えられる人

⑤「自責」
「自分の人生におけるすべてのことは、自分の思考や行動が源となって起きている」と自分の責任を認められる人

⑥「主体性」
望む結果のために、自ら考え、自ら行動する人

⑦「熱意」
与えられた仕事以上のことを熱心に全力でやりきる人

このような特徴を身につければ、成長は加速し成果を出せるようになることは想像に難くない。

それは、誰もがわかることだ。

しかし、マインドレシーブマインドを意識せずに過ごしていると、多くの人はこれらとは逆の特徴を身につけてしまいやすい。人間は、安易な方に流れる生き物だからだ。

逆の特徴とは、次のようなものである。

①「頑固」
望んでいる成果が出ていないのに、自分のスタイルを変えようとしない人

②「傲慢」
「自分はすべてを知っている」という態度で、人の話を聞きもしない人

③「当然」
身のまわりの素晴らしさに気づかず、常にそれらが当然だと思っている人

④「憎しみ」
「あいつのせいでうまくいかない」「むかつく」と、誰かを敵視している人

⑤「他責」
自分の人生をいつも他人や環境のせいにしている人
⑥「受け身」
いつも受け身で、他人任せの人
⑦「怠惰」
与えられた仕事があるのに、全力を尽くさない人

どうだろう。

前者後者とどちらが当てはまっただろうか。

後者の特徴に当てはまっているかもしれないと思った方は、すぐに見直す必要がある。なぜならば「タバコを吸っている人間はレベル低いよねー」という言葉にドキッとしてしまう人はタバコを吸っている人だけだからだ。

少なからず「僕かもしれない」と思った方は、まずそこを「素直」に認めるところからだ。無意識な反応に嘘はない。

つまりは自分から変わろうとせずに、他人任せで努力もしないのに成長なんてで

きるはずがない。

だからこそ、意識しなくてはマインドレシーブマインドを手に入れられない。

聞けば当たり前のことのように思えるかもしれないが、「わかっている」と「できる」のとでは大きな差がある！

ここで頭の中を整理し、マインドレシーブマインドを自分のものにするためにしっかりと理解してほしい。

●幸せの7つのろうそく

マインドレシーブマインドがある人の心は、明るく照らされているように感じる。

だから僕は、「素直」「謙虚」「感謝」「愛」「自責」「主体性」「熱意」を〝幸せの7つのろうそく〟と名付けた。

マインドレシーブマインドがある人　＝　幸せの７つのろうそくを持つ人

幸せの７つのろうそくを持つ人は、自分自身が成長するための行動が普段からできているかセルフチェックをすることで飛躍的な成長をし、安定的に大きな成果を出せるのだ！

スキルのように相手を変えようとする行動の前に、自分自身を見つめ直すことであなたの価値が高まってくるのだ！

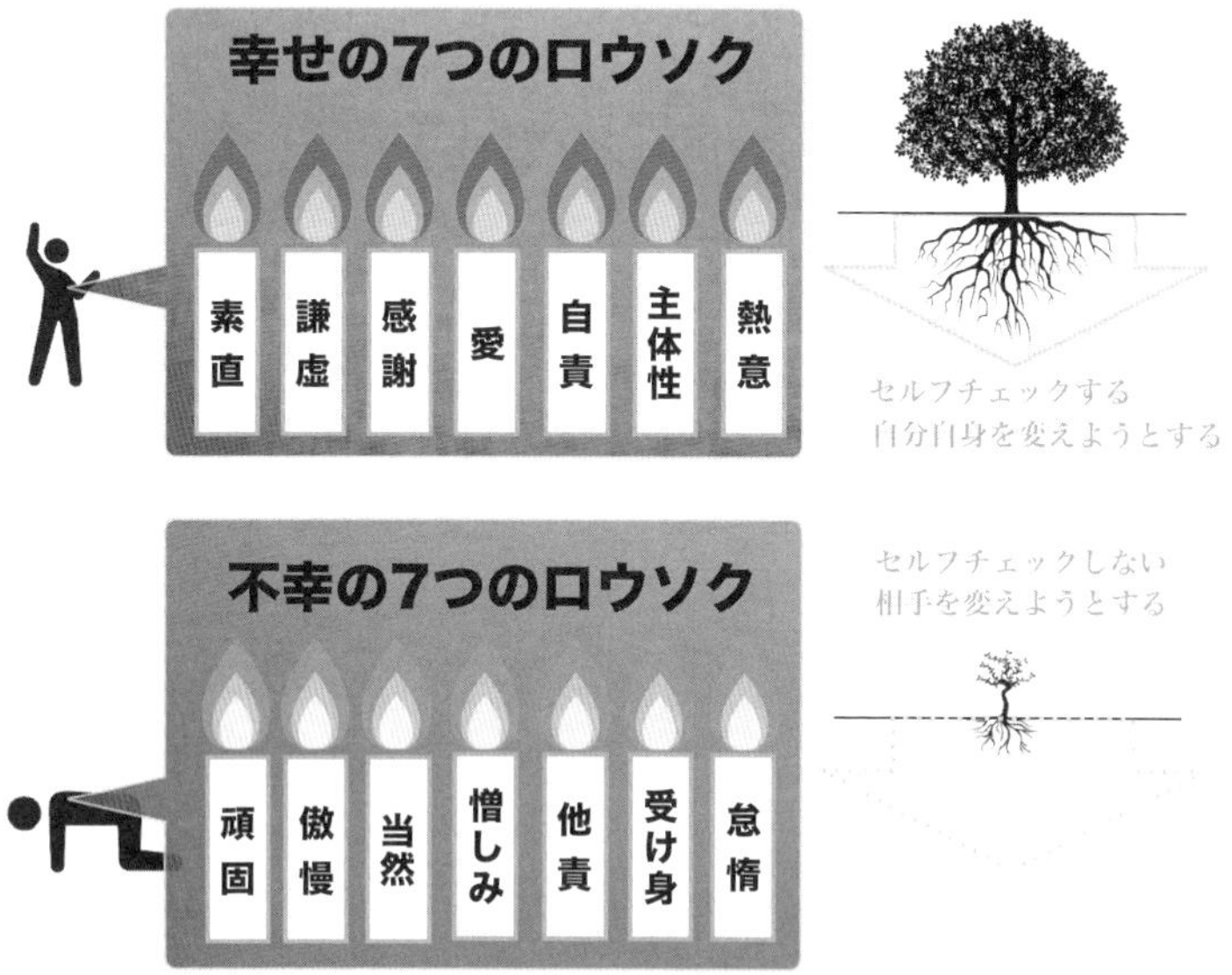
幸せの7つのロウソク
素直
謙虚
感謝
愛
自責
主体性
熱意
セルフチェックする
自分自身を変えようとする
不幸の7つのロウソク
頑固
傲慢
当然
憎しみ
他責
受け身
怠惰
セルフチェックしない
相手を変えようとする

7つのろうそくを灯してセルフチェックすることで見えなかった世界が見えてくるのだ！

逆に、マインドレシーブマインドを持たない人の心に住みついている「頑固」「傲慢」「当然」「憎しみ」「他責」「受け身」「怠惰」は、〝不幸の7つのろうそく〟だと定義している。

こちらのろうそくの炎は自分自身が変わるというわけではなく、どれだけ自分の都合の良いように人や環境を変えようとするのか考えている人である。メラメラと邪悪に燃え盛って、せっかく築き上げてきたものやまわりのサポートを焼き尽くして無にしてしまう。

優等生的な道徳の話をしているわけではない。
人としてどうあるべきか、なんて、小学校の道徳の授業までで十分だろう。
もちろん道徳だって大事だが、僕は目標達成・能力開発コンサルタントとして、お客さまにセールスの数字を結果として出してもらわなくてはならない。

きれいごとなんかじゃなく、自分の成功のために幸せの7つのろうそくを灯す必要があるということを理解してほしい。

もし、不幸の7つのろうそくが燃えているのであれば、今すぐに消して、幸せの7つのろうそくに火を点け替えよう！


お客さまやビジネスパートナーをはじめ、出会う人々から好意的に接してもらえるような人になろう！

そうすれば、おのずとセールスの成果は上がっていく。

いや、否が応でも上がっていってしまうのだ！

しかもそれは、利己的な成功ではない。

まわりの人があなたに好意を持つということは、まわりの人をも幸せな気持ちにしているからに他ならない。


利己的な成功では長続きしない。

自分も幸せ、まわりも幸せ。

それが、安定的に成功し続ける秘訣である。

自分自身が変わり続けるのだ。

●現象化する重要性

売上げアップという目に見える結果を出すためには、マインドレシーブマインドが必要であることを理解していただけたことと思う。

しかし、理解だけではまったく意味がない！

実際に幸せの7つのろうそくを心の中で灯すだけでも足りない！


もっとも大事なことは、マインドレシーブマインドを現象化していくことなのだ。

現象化とは、実際に本体や本質が現れている状態のこと。

明かりを灯していることを、まわりの人々にわかってもらわなくては何にもならない。

脳内で完結しないこと！

7つのマインドレシーブマインドを、目に見える形で、あるいは耳で聞こえる形で必ず現象化しよう。

もし、今までに思うような成果が出ていないとすれば、まずはマインドレシーブマインドを意識して現象化し、まわりの人にあなたの変化がきちんと伝わるように努力してみよう！

それがセールスの第一歩であり、その一歩を踏み出せれば必ず売上げは伸びていく！

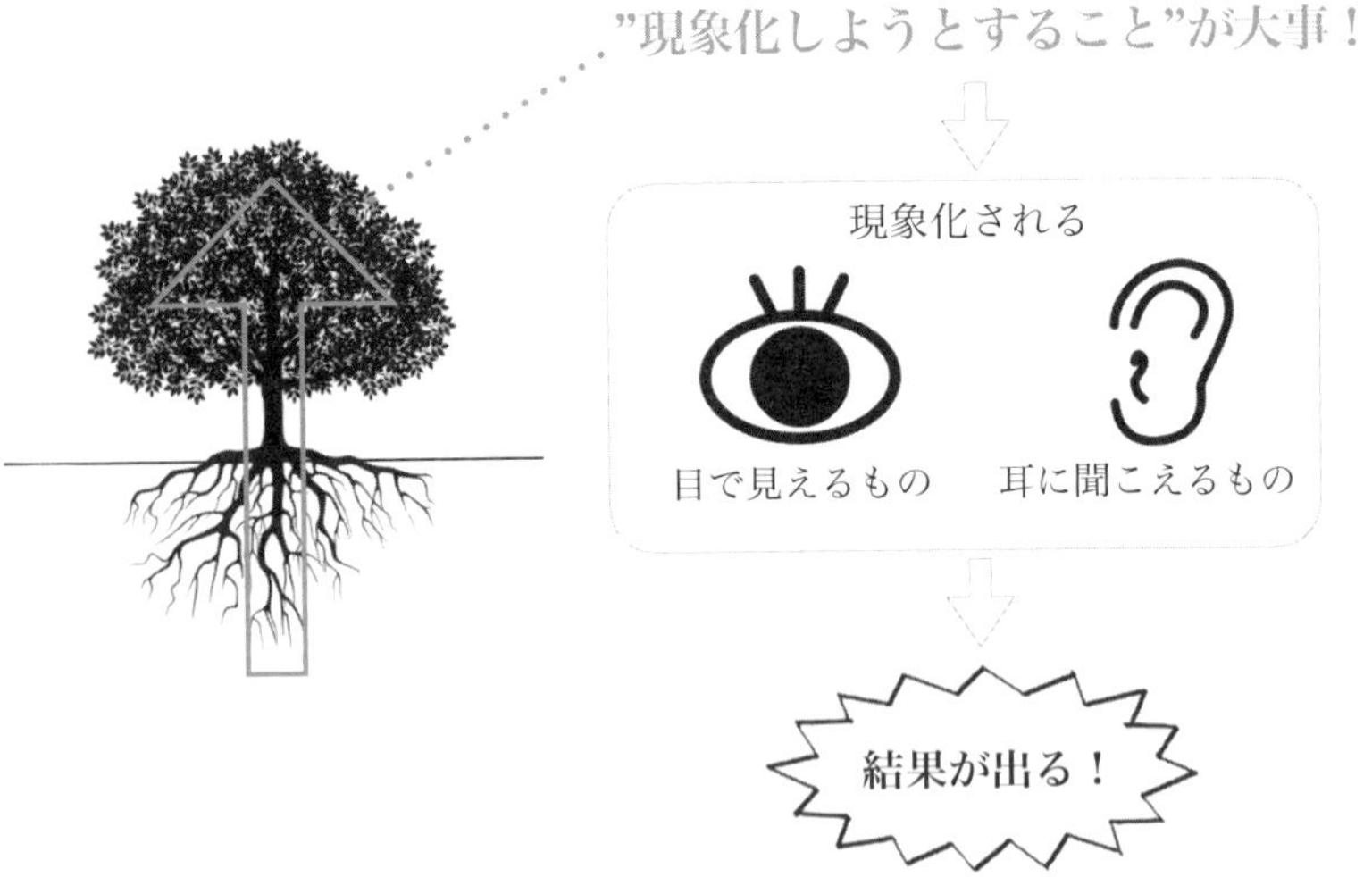
”現象化しようとすること”が大事！
現象化される
目で見えるもの
耳に聞こえるもの
結果が出る！

スキルは後からで構わない。
何よりも大切な〝幸せの7つのろうそく〟をまず灯して、周囲まで明々と照らすことを、今から、はじめよう。

ということの文章を読みながらも「うんうん」と「素直」にうなずいているだろうか。
そう。細かいところから7つのろうそくを現象化するのだ！
そうすれば最速で結果を出すことができる！

では、第2章からは7つのろうそく一つひとつについて確認し、しっかり現象化できるようになっていこう。

第2章

「素直」のろうそく

●「素直」とは

「素直」は成長の入口である。

言葉としての「素直」については、もちろんあなたもよく知っていることだろう。

人の話にきちんと耳を傾ける。

意見や指摘をもらったら、自分をふり返ってみる。

自分の間違いに気づいたら、反省して改める。

自分とはちがう意見や考え方に触れたときに、頭から否定するのではなく「そういう考え方もあるのか」と認めることができる。

こうした素直さは、どんな分野においても成長するために必要な資質であることは間違いない。

しかし、もう一歩踏み込んだところまで考えてもらいたい。

真に理解するためには〝物事の原則〟という側面から「素直」を見ていく必要がある。

〝原則〟とは、すでに存在しているものや、変わらない物事が決まったように展開していくこと。

つまり、自然の法則と言い換えてもいいかもしれない。

たとえば、今あなたの手の中には生卵があるとしよう。

手を放せば生卵は床に落ち、ぐしゃりと割れてしまうだろう。

これは、当然予測できる現象だ。

手を放せば地球の引力によって卵は落ちる。

そして、生卵の殻は床に落ちた衝撃には耐えられない。

当たり前じゃないか。


しかし、そのときの気分はどんなものだろう？

食べられるはずの卵をひとつムダにしてしまうし、中身は飛び散り、床や壁を汚してしまう。

となれば、もちろん嬉しいはずはない。

卵がもったいない。

しかも飛び散った生卵の掃除は簡単ではなく、手間がかかる。うんざりだ！


では、そういうイヤな気分になってしまったのは、なぜなのか。

地球の重力を呪うのか？

落ちた衝撃に耐えられない卵のせいにするのか？

いや、それは誰にも変えることのできない原則なのだから、仕方のないこと。

結局は、生卵から手を放してしまったあなた自身のせいなのだ。

それを受け入れられることが、すなわち「素直」であることになる。


世の中の出来事は、すべてこの卵のように原則に則っている。

どんなにイヤなことでも、うまくいかないことでも、そこに至る原則が必ずあるのだ。

たとえ望まないことが起きたとしても、それは起こるべくして起こったのだということを受け入れよう！

自分に起きていることは、どんなことであってもすべて正しい！


セールスの結果も、起こるべくして起こるのである。

お客さまがいて、あなたはあなたのセールス力で成約にこぎつけようとする。だから、成約できるかどうかはあなた次第なのだ。

成約したとしても不成約だったとしても、お客さまは何も間違っていない。あなたのセールス力が、成約までの原則に則っていれば成約できる。

反対に、成約までの原則に則ることができていなければ不成約となる。

不成約となったときに、原則に則ったセールスをできなかったことを、素直に認めたい。


「今回はお客さまが商品のよさをわかってくれなかったから仕方がない。次は大丈夫！」「タイミングを逃さなければ、うまくいったはず！」のように、強引なポジティブ思考はやめよう！

実はポジティブというものは、ミスや失敗が見えないのだ。それは、事実を否定して原則から目をそらすことになってしまう。事実を肯定的に受け入れて、「改善すべき点が見つかった！」という「素直」な反省に変えてほしい。

そうすれば、すべての出来事から学び、成長できる心が持てる。

この心の状態こそが「素直」だ！

原則には抗えない。それを知れば、人間はどこまでも素直になれる。

「素直」の裏側に「頑固」がある

「素直」になれない人は、「頑固」である。
〝不幸の7つのろうそく〟の中のひとつにある「頑固」は、「素直」の対極にあるマインドだと思ってもらっていい。

どんな人が頑固かと言えば……
プライドが高くて弱みを見せず、自分のやり方に固執する。
素直に本心を見せることは弱みにつながると思っていて、あえて無関心な態度をとる。
恥ずかしさが勝って本音をなかなか話せない。
他人の目を気にし過ぎて、自分をよく見せようとする。
とにかく〝自分〟というものに強いこだわりがあって、相手より心理的優位に立とうとすることが多いような気がする。

これではセールスはうまくいかない。

●「素直」にたどりつくWORK

では自分を、素直に見つめ直してみよう！

よいことは素直に受け止められるが、よくない出来事をどんなふうに受け止めてきただろうか。

そのときは悪態をついたり人のせいにしたりしたかもしれない。

それを今、素直になって受け止め直すことができればいい。

そうすれば、これから先は「素直」のろうそくを灯せるようになるだろう。

頑固の人だったらどんな行動、考え方をするのかをまとめてみた。

もう一度、素直だったらどんな行動、考え方をするのかを考えて書いてみよう。

一流の人だったらどうするんだろうと新しい解釈を生み出し、自分の成長につなげたい。

①ラポールができない場合

頑固	こっちが頑張ってるのに話がはずまない。 売れなかったのは客のせいだ。
素直	

②プレゼンができない場合

頑固	なんでいつもうまくいかないのだろう。 自分はセールスに向いていないのかなあ。
素直	

③クロージングがうまく決まらない場合

頑固	あそこまで話してYESを言わないなんて マジでどういうこと？バカなのかな？
素直	

④購入後にキャンセルを申し出てきた場合

頑固	え？意味わかんない。もうサインしてるんだから キャンセルなんて無理だよ。
素直	

⑤あなたのことを陰で悪く噂していると思われる場合

頑固	もういいや。切捨てよう。 ていうか、あいつこそ人間力低いよな。
素直	

⑥上司にアドバイスをもらった場合

頑固	俺のことを何も知らないくせに、 適当なこと言いやがって…。
素直	

⑦先月は調子が良かったのに、今月はうまくいかない場合

頑固	俺のやり方は正しいはずなのに…。
素直	

●セールスにおける「素直」とは？

ではここで、セールスにおける「素直」と「頑固」について、わかりやすく例を挙げてみたい。

いろいろなケースがある中で、それぞれの〝心の声〟はどんなものなのだろうか？

①自分の外交的な性格とは真逆な内気のお客さまとのアポイントで、うまくラポール[1]ができない場合

「頑固」な人：内気な性格の客だなあ。こっちが頑張っているのに話がはずまないよ……。売れなかったのは客のせいだ。

「素直」な人：自分の対応がお客さまに寄り添うものではなかったな。反省！

1 ラポール：お客さまと気持ちを通じ合わせ、信頼関係をつくり出すこと。

②プレゼンがうまくいかない場合

「頑固」な人：なんでいつもうまくいかないんだろうなあ。
自分はセールスに向いていないのかなあ。

「素直」な人：「プレゼンがまだうまくできない」という現実を直視しよう！
プレゼンがうまい人に助言をもらおうかな。

③クロージング[2]がうまく決まらない場合

「頑固」な人：あそこまで話してＹＥＳって言わないなんてマジでどういうこと？
バカなのかな？

「素直」な人：お客さまの価値観に合わせたプレゼンではなかったんだろうな。

2　クロージング：お客さまに「買う」「買わない」を決めていただく場面で、こちらから働きかけをしてお客さまの背中を押すこと。

④喜んで購入したはずのお客さまが、一転してキャンセルを申し出てきた場合

「頑固」な人：エ？　意味わかんない。どういうこと？　もうサインしてもらっているんだからキャンセルなんて無理だよ。

「素直」な人：どうしたんだろう？　もっと深い仲になり、ちゃんと話を聞いていれば良かったな。

⑤お客さまがあなたのことを陰で悪く噂していると思われる場合

「頑固」な人：もういいや。切り捨てよ！　ていうか、あいつこそ人間力低いよな。

「素直」な人：自分のどんなところがご迷惑だったのだろう？　謝りに行った方がいいかな？

⑥上司にセールスに関するアドバイスをもらった場合

「頑固」な人：俺のことを何も知らないくせに、適当なこと言いやがって……。

「素直」な人：貴重なお言葉をありがとうございます。

学び、生かさせていただきます。

⑦先月は調子が良かったのに、今月はうまくいかない場合

「頑固」な人：俺のやり方は正しいはずなのに……。

「素直」な人：何か戦略を変えるときかもしれないな。もしくは知らず知らずのうちに慢心していたのかもしれない。

「頑固」な人は、徹底的に自分目線でものを考えている。

だから、何か起きたときにはその原因を自分ではなく、まわりの人や環境に求めてしまうのだ。

しかし「素直」な人は、何事も原則通りに展開していくことを知っている。

原則に則ったか否か、原因を自分の中に見出そうとする。

自分に自信を持つことは大切だが、それが頑固さになってしまっては、結局は自分の価値を下げることにつながる！

セールスをする者として、常に素直な心でお客さまに向き合いたいものである。

●エピソードONE～「頑固」から「素直」へ

あるとき、弊社にやって来たOさん。

ネットワークビジネスで結果を出し、セールスにかなりの手ごたえを感じていたOさんは、独立してセールスコンサルタントとしても成功したいと考えて弊社のプログラムに参加した。


Oさんは、幼い頃からずっと人気者だった。

人を笑わせることが得意で、いつも彼のまわりには友だちがいた。

そんな彼が描いた夢は、〝高学歴芸人〟。

大学受験には失敗してしまったが、とにかく上京して芸人を目指す日々を送っていたそうだ。

しかし、ふとしたきっかけからネットワークビジネスをはじめることになる。

すると「あいつ、ネズミ講に手を出したらしいぜ……」という噂がたって、たくさんいたはずの友だちは潮が引くようにサーッといなくなってしまった。

自分は人気者だと思っていたのに、友だちなんて当てにならないものだ。

Oさんは心に闇を抱え、悔しさをバネにネットワークビジネスのセールスに励んだ。


ネットワークビジネスは、セールスという面から考えると少し特殊な世界だと思う。

商品をお客さまに買っていただくというよりも、自分の下にどんどん仲間を増やしていくというビジネススタイルなので、商品の魅力よりは〝ネットワークビジネスで成功してキラキラしている自分〟をアピールしていくものである。

「自分もOさんのようになりたい！」とたくさんの人に思わせることで、ネットワークを広げていく。

OさんはSNSを存分に活用し、イケイケな自分を前面に見せて、「この俺が勧めているんやで。このビジネスやらないなんてアホちゃう?」ぐらいの勢いで仲間を増やしていった。

ネットワークビジネスでの成功を象徴するタイトルも獲り、「これはイケる!」と確信をもってセールスコンサルタントという新たな肩書にも挑戦しようと、彼は弊社にやって来た。

そして弊社のプログラムを「面白い! ぜひこれを売らせてほしい!」と自ら営業を志望してくれたため、業務委託で営業を任せることにしたのである。

ところが……。

ちっとも売れない。

しかも「偉そう」「押しつけがましい」とクレームが絶えない。

Oさんは、ネットワークビジネスでなまじ結果を出していたために、同じやり方を「正しい」と思い込んでいた。

つまり、商品ではなく自分自身のアピールに懸命だったのだ。

そして成約に躊躇するお客さまに対して、これまで通り「俺が勧めているのに買わないなんてアホちゃう?」という態度が出てしまっていたのだ。

クレームにも反省はなし。

ネットワークビジネスでは成功していたのだから、売れないのは自分のせいではなくお客さまが悪い。

商品のよさを理解できない客がバカだ!

そんな彼に、僕は〝幸せの7つのろうそく〟について説明した。

情に訴えるような伝え方ではなく、ホワイトボードを使って理論的に説明した。

さらに、自分自身がOさんの考え方にも耳を傾け、「いつも営業してくれてありがとう」という感謝も示し、〝幸せの7つのろうそく〟を言葉でも態度でも表現するように努めてみた。

すると、徐々に彼は変化を見せるようになってきた。

イケイケの売り方を改め、お客さまの声にもよく耳を傾けるようになっていったのだ！

「ぶっちゃけ、前はマインドってなんだよ！って思っていましたよね」

「お客さまが自分の悪いところを教えてくれるんですね」

彼は今、こんなことを言えるようになって売上げも大幅にアップした。

よく考えると、幼い頃から容姿にコンプレックスがあって（実際はコンプレックスなんてまったく必要ないのに！）、お調子者になることでみんなの中心にいた。人目が気になるから、人に認められたくて必死だった。

そんなことで手に入れた人気者という地位は、本物じゃなかったことにも気づいたようだ。

新たに親友と呼べる人との交流も生まれ、ネットワークビジネスで離れてしまった以前の友人たちとの関係もまた戻りつつある。

「素直」を手に入れ、十分にお客さまから選ばれるセールスマンに生まれ変わった！

これからもさらにマインドに磨きをかけ、大きな成果を生み出していくであろう。

素直は成長の始まりである。

第3章

「謙虚」のろうそく

●「謙虚」とは

日本人の美徳として真っ先に挙げられるのが「謙虚」である。

ことわざの扱いにもなっている「実るほど頭を垂れる稲穂かな」という詠み人知らずの俳句を、あなたももちろんよく知っているだろう。

素晴らしい人ほど謙虚にふるまっているという意味のことわざが世の中に深く浸透しているという事実こそ、日本人がいかに「謙虚」を大切にしているかの証拠でもある。

しかし「謙虚」を本当の意味で理解し、実践できている日本人は果たしてどのぐらいいるだろうか。

僕がよく「なんか勘違いしていないか?」と思う〝日本人の謙虚さ〟というもの

がある。

それは、自分を下げること！

一番わかりやすいのが、学生時代のテスト前だ。

「どうしよう〜！　普段から真面目に授業聞いてないし、勉強も全然してないからムリ‼」

いやいや、それを俺らにアピールしてどうしたいの？

しかもそういうこと言うヤツに限って、絶対そこそこ勉強してるでしょ！

テストが終わった後も、「まったくできなかった。死んだ……」なんて虚ろな目をしながら、結構いい点を取るちゃっかり者が必ずいる。


こうした自分を下げる言動は、「謙虚」ではなくて「リスクヘッジ」である。

点数が悪かったときのために、予防線を張っているだけ。

あるいは相手を油断させ、結果的にダメージを与えるための狡猾な戦略だ。

ハッキリ言って、器が小さい！

そんな人物を、信頼できるだろうか？

「実るほど……」と形容される立派な人格者が身につけている本当の「謙虚」は、自分が未熟であることを知り、相手に尊敬を抱くもの。

「自分はダメだ」と口先だけで演じるものでも、あるいは本当に自分がダメだと自信喪失している状態でもない。

しっかりと学んだり適切な努力をしていれば、ムダに自信喪失をすることなどないはずだ。

自分ができることにはちゃんと自信を持っていいし、むしろ持っていなければならない。

しかし、人は完璧な人間になど一生なれないし、自信を持てる部分があったとしても他の部分で未熟さは当然ながら残っている。

自分にはまだまだ未熟な点がある。

未熟な自分に接してくださるお客さまに感謝しよう。

未熟な自分だけれども、お客さまの期待には必ず応える。

そんな考え方ができればよい人間関係を築くことができる。

「目の前に現れた人に対してセールスをしよう！」ではなく、セールスは人間関係の先にあるものだ。

本当の「謙虚」は、その人のよい人柄を表現する。

あなただって、おかしな〝自分下げ〟で内心は何を思っているのかわからない人やまったく自信がなくて頼りない人、謙虚さのカケラもないような尊大な態度の人を、人柄がいいとは思えないはずだ。

自分の能力をきちんとわかっていて、足りない部分を素直に認め、接する人を尊重してくれる人なら文句なく人柄がいい！と言える。

そして、そういう人は、人から好かれる。

人から好かれるのは、セールス成功のための大切な要素である。

それからもうひとつ、自分を成長させるためにもぜひ「謙虚」になりたいものだ。

自分が未熟であることに気づけなければ、当然ながら成長の必要性など感じることができない。

しかし、未熟さを前提に常に自分をふり返りセルフチェックをすれば、「もっとこうすればよかった」「本当はちがう選択肢があったかもしれない」と、これからの成長につながる反省点がたくさん見つかる。

「謙虚」は表面的なものであれば、人柄をよく見せかけるだけのメッキになってしまって逆に信頼を失う。

素直に自分を見つめ、未熟さを認めよう。

本当の「謙虚」を知れば、人から好かれて自ら成長を求めるあなたになれる！

●「謙虚」の裏側に「傲慢」がある

「謙虚」になれない人は、「傲慢」である。

「傲慢」も、「謙虚」の対極として〝不幸の7つのろうそく〟の中のひとつにある。

傲慢な人は、成果はすべて自分のものだと考える。

成果が出なければ、まわりの責任だ。（これは他責だ。後ほど説明する。）

心の中には「自分はすごいんだ！」という想いがあり、なんとかして自分のすごさを誇張したいという欲求が見える。

なぜ、すごさを誇張したいのか。

それは「常に自分を認めてほしい」という、心理学的には〝承認欲求〟と呼ばれる感情に支配されているからだ。

しかし〝承認欲求〟は、ここ数年ブームになっていたアドラー心理学では有害であるとして明確に否定されている。

自分の目線からしか思考や発言ができず、自分がエライ、すごいと確信（勘ちがい）している傲慢な人は、利他の精神を持てないし他人の意見も尊重できない。

そんなセールスマンが、売れるわけがない！

●「謙虚」にたどりつくWORK

「謙虚」になれない人間は、「傲慢」になっている。

では、自分が傲慢になってしまう瞬間を自覚してみよう！

「俺ってすごいな」「私ってデキるよね！」と思い、それをまわりの人に対してアピールしてしまったことはないだろうか。

そのとき、実は人を見下していなかったか？

過去の傲慢な態度をふり返り、傲慢になれるだけの能力を本当に自分が持っていたかどうか考えてみよう。

もし本当に十分な能力があったとしても、それをアピールして人を見下すようなことをしてもいいわけではない。

傲慢の人だったらどんな行動、考え方をするのかをまとめてみた。

もう一度、謙虚だったらどんな行動、考え方をするのかを考えて書いてみよう。

一流の人だったらどうするんだろうと新しい解釈を生み出し、自分の成長につなげたい。

①この社会に対しての想い

傲慢	俺って優秀だよね。 でも、同期のアイツときたら……。
謙虚	

②商品が売れない場合

傲慢	セールス力のある俺の話を聞けって！素人にはわからないかもしれないけど、買っておけばいいのに。
謙虚	

③お客さまのビジネスマナーが不十分だった場合

傲慢	こんなことも知らないなんて、 失礼だしビジネスマンとして失格だ！
謙虚	

④お客さまにお褒めの言葉をいただいた場合

傲慢	やっぱりそうだよね！俺に感謝しろよ！
謙虚	

⑤過去最高の売上げを記録した場合

傲慢	俺ってすごい！ドヤッ！
謙虚	

⑥セミナーに誘われた場合

傲慢	わざわざ勉強なんかしなくても、 なんとかなるでしょ！
謙虚	

⑦自分よりも売上げがよい人と知り合った場合

傲慢	彼には彼のやり方、俺には俺のやり方がある！
謙虚	

●セールスにおける「謙虚」とは？

次に、セールスにおける「謙虚」と「傲慢」についての例である。

①この社会に対しての想い

「傲慢」な人：俺って優秀だよね。でも、同期のアイツときたら……。

「謙虚」な人：自分も含めて、誰もが苦手なことも得意なこともあるよね。人間一人ひとりが、尊重されるべき大切な存在！

②商品が売れない場合

「傲慢」な人：セールス力のある俺の話を聞けって！　素人にはわからないかもしれないけど、買っておけばいいのに。

「謙虚」の人：しっかり自分を見つめ直せば、まだまだお客さまのためになっていない時間を過ごしていたな。もっと努力できるな。

③お客さまのビジネスマナーが不十分だった場合

「傲慢」な人：こんなことも知らないなんて、失礼だしビジネスマンとして失格だ！

「謙虚」の人：自分も間違えることはある。次から気をつけてくれればいい。

④お客さまにお褒めの言葉をいただいた場合

「傲慢」な人：やっぱりそうだよね！　俺に感謝しろよ！

「謙虚」な人：光栄に思い、さらに喜んでいただけるようにもっと精進します！

⑤過去最高の売上げを記録した場合

「傲慢」な人：俺ってすごい！　ドヤッ！

「謙虚」な人：素敵なお客さまに巡り会えたおかげさまです。

（➡さらにお客さまをご紹介をいただける）

⑥セミナーに誘われた場合

「傲慢」な人：わざわざ勉強なんかしなくても、なんとかなるでしょ。

「謙虚」な人：この人が私を誘ってくれたということは、学んだ方が良い内容なんだろうな。ありがたい。もっと学ばなくてはいけないな。

⑦自分よりも売上げがよい人と知り合った場合

「傲慢」な人：彼には彼のやり方、俺には俺のやり方がある。彼がエライわけではないし、俺だってもっと売れる！

「謙虚」の人：うまくいっているには必ず理由がある。何か学べることはないだろうか？

完全な人間などいない！　もしあなたが完全なら常に正しい選択をし、正しい言動をして世界が注目するほどのトップセールスマンになっているはずだ。

自分はそれほどのセールスマンではないし、このままでいいと努力しなければ、永遠にそんなセールスマンにはなれないのだと自覚しよう！

●エピソードTWO～「傲慢」から「謙虚」へ

Eさん、大手保険会社の営業マンである。

何千人もいる営業マンの中で、成績は上位クラス。

まだ若く、いつも自信にあふれている。


ご紹介者を介してはじめて会ったとき、僕が彼から言われた言葉はこうだ。

「保険に入らないなんて、経営者としてダメだな！」

確かにそのとき僕は保険に入っていなかったし、彼が売る保険に入る気もなかったが、それは経営者として何も考えていないからではなかった。

こちらの考えや事情もわからないうちに、「ダメだ！」と決めつける。

そして自分は成績優秀なセールスマンであり、多くの人が自分のセールスによって保険商品を買いたくなるのだという話を、延々と続けた。

自分を「ダメだ」と言われたことが気に入らないという気持ちも、正直なところあったことを認めたい。

しかし、それを差し引いたとしても彼の態度は傲慢だった。

そしてそれが、営業成績上位とはいえ、決して彼がトップにはなれない理由だと思った。

だからズバリ言ってやった。

「確かに素晴らしい営業成績ですね。でも、上には上がいるということを認められますか？　あなたは成績1位ではないんですよね？」

初対面のその日、お互いの意見をぶつけ合って、まるで喧嘩のようになってしまったのを覚えている。

もちろん、本当に喧嘩をするような失礼な物言いはしていないが、こちらもコンサルタントとしてマインドを伝えようと必死だったのだ！

その一日の意見交換でEさんが変わるわけもないが、弊社のプログラムに興味は持ってくれたようだった。

その後、弊社のコンサルティングを受けるお客さまになってくださった。

いろいろ話を聞いているうちに、確かにセールスの結果を出してはいるけれども、果たしてこのままの成果をキープできるのか？と疑問を感じる働き方をしていることがわかった。

一番の問題点は、やはりその傲慢さだった。

弊社では〝セルフチェック〟といって、わが身をふり返るワークを推奨しているのだが、彼はよく「セルフチェック、120点です！」と言っていた。

自信がみなぎっているように見えるその態度は、彼より年下の若い人たちから見ればカッコいい。

スゲエ！　あれこそデキる男だ！

そんな憧れられる存在となって、保険契約も取ることができるようだった。

しかし、しっかりとした大人の目からは、自信ありげというだけでなく、どこか人を見下しているようなところが透けて見える。

敬語も使えないなんて、なんてヤツだ⁉

そうやって傲慢であることに気づかれてしまい、距離を置かれることが多いのだ。

結局、自分をかっこいいと思ってくれるような若い層とばかり成約していた。

そんなやり方では、いつか限界がきてしまう！

さすがに彼も、自分を避けるお客さまもいらっしゃることには気づいていた。

そこで僕が彼に伝えたのは、「嫌ってくださるお客さまがいることに感謝しよう！」だった。

嫌われるということは、自分のセールスに何か問題があったからだ。

彼にとっての問題とは、傲慢な態度を取っていたこと。

ここで少し、彼の心が動いた。

また、これまでの人生をふり返り、自分の強みや目指していること、成功体験や失敗体験などの出来事をポストイットに書き出し、ロジカルシンキングを重ねるポストイットコンサルティングというワークをやったときに、何百枚にもなったポストイットを見ながら、「自分の傲慢さが引き起こしてきた失敗」に明確な気づきを得た。

そこまで気づけば、もう彼は謙虚に変わらざるを得なかった！

「謙虚」というのは自信を失くすことではないし、できる自分を押さえつけるものでもない。

根拠のある自信はちゃんと持っていていいのだが、上には上がいて、自分には足りない部分も必ずあると気づくことだ。

Eさんの口から、「私なんてまだまだです」という言葉が飛び出すようになってきた。

そして自分の話ばかりせずに、人の話を聴くようになってきた。

今、彼は保険の契約件数をさらに伸ばし、まさにセールスマンの頂点に立つべく奮闘している。

第4章
「感謝」のろうそく

●「感謝」とは

あなたは、「感謝」しながら日々を過ごしているだろうか？

そりゃあ、感謝をすることはあるんだけど……。

日々って毎日だよね？　何に？

そう疑問に思う人は決して少なくないと思う。

たとえば、歩道を歩いているときに車が暴走してきて、轢かれる一歩手前であなたを突き飛ばして助けてくれた人がいたら、あなたは「命の恩人です！」とメチャクチャ感謝するだろう。

財布を落として困っているときに見ず知らずの人がお金を貸してくれたら、文字通り感謝感激！である。

誕生日にサプライズパーティーを開いてもらえたら、「やっぱり友だちっていいなあ」とありがたさが身に染みる。

こんなことは、毎日は起こらない。

でも、平凡に思える日常の中にあっても、いつも感謝に値する出来事は起こっているのである。

家族がいてくれること。

仕事があること。

食べるものがあること。

本が読めること。

陽の光を浴びられること。

美しい花に心を慰められること……。

人によって生活環境がちがうので、みんなが同じことに対して感謝できるわけではないけれど、誰にでも常に必ず感謝できることはある。

それに、この世のすべての人が同じように感謝できることもある。

今、生きていること！

毎日、特に楽しいことなどないという人もいるだろう。

楽しくないという感情を持つこと自体を、誰も責めることはできない。

ただ、どんなに楽しくない毎日だったとしても、この地球の自然環境や社会活動を支える誰かのおかげであなたはそこに存在しているのだし、生活することもできているのだ。

今まであたり前だと思っていたこの世の中も、自然の摂理と誰かの気遣いや労働などのおかげで成り立っているのだ！


僕が心を病んだとき、あまりにも絶望的な状況の中で自己否定をくり返し、本当に〝死〟を考えた。

そのとき、それまであたり前だった生活――バスケットに打ち込み、友だちとくだらない話やゲームで盛り上がり、家に帰ってのんびりし、勉強をサボってテスト前に焦るというような――を送ることはできなくなっていた。

本当はそんな最悪のときにも、自分を心配してくれる人やなんとか心の健康を取り戻させようとしてくれる人はいたが、あまりにもつらくて気づくことができず、孤独しか感じなかった。

徹底的な孤独の中では、あたり前のように手にしていたものや環境の多くを失くしてしまうし、自分では「すべてを失くした」という気分になっている。

なんとかそういう時期を過ぎ、大人になってコンサルタントとして〝マインドレシーブマインド〟について頭を整理していたときに当時を思い出し、そのとき失っていたものがどんなに大切だったかを思い知った。

バスケの練習はキツくて死にそうだったけれど、練習できなくなればつらい。

学校に行けば当然友だちはいたけれど、屈託なくしゃべれる精神状態でいられることは、幸せなことだったんだ！

家は豪邸なんかじゃないし、親に反発もしたけれど、何も考えずに部屋でゴロゴロしているときには、いろいろなストレスから解放されていた。

テストの成績が悪くたって留年するわけじゃないし、元気に通えるだけでもありがたいことだった……。

一度地獄を見たからこそ、自分のまわりは感謝すべきことに満ちていることを実感できた。
しかし、実感できたことがエライわけでもなんでもなく、そこまで追い込まれなければなかなか感謝の心を持てないということでもあるのだ。

自分の身のまわりには、感謝すべきことがたくさんある！
そして、感謝はあなたの世界をきらめくような美しさで彩ってくれる！
それはまるで魔法のようだ。
その魔法を信じ、あなたも感謝を実践してみよう。

●「感謝」の裏側に「当然」がある

「感謝」できない人は、特別にありがたみを感じられること以外は何事をも「当然」

だと思っている。

〝幸せのろうそく〟のひとつである「感謝」の正反対に位置している〝不幸のろうそく〟は、この「当然」という考え方だ。

もうわかっていただけていると思うが、ほとんどの人が「感謝」よりも「当然」の側にいる。

誰だってわかりやすいサポートや親切に対しては感謝できるが、それだけでは「感謝」の炎を灯したことにはならないのだから。

もちろん僕だって「当然」の側の人間だった。

ただ仕事をするようになってから、セールスで成果を出すためには「当然」ではいけないこと、デキる人には「感謝」の心があることに気づいたのだ。

見込み顧客が開拓できること、アポイントできること、お客さまがいること、売る商品があること、上司がフォローしてくれること……。

これらを全部、当然だと思っているセールスマンではダメなのだ！

●「感謝」にたどりつくWORK

これまで些細だと思ってきたことも、実は感謝すべきことである。

では、今の自分の立ち位置や環境、状態を見つめ直してみて、自分にとってどんなありがたいことがあるだろうか。

書き出してみて、それぞれの〝当然レベル〟も考えてみよう。

〝当然レベル〟が低ければ低いほど、ありがたみも増すのだ。

当然だと勘違いしている人だったらどんな行動、考え方をするのかをまとめてみた。

もう一度、感謝を常に思える人だったらどんな行動、考え方をするのかを考えて書いてみよう。一流の人だったらどうするんだろうと新しい解釈を生み出し、自分の成長につなげたい。

①お客さまと商談するにあたって

当然	あー商談か。はいはい…。
感謝	

②お客さまが天候不良の電車遅延でアポイントに遅れる場合

当然	そういうの、予測して行動できないのかなあ。
感謝	

③見込み顧客だったのに不成約になってしまった場合

当然	ふざけんなよ！マジであの客、クソだな。
感謝	

④お客さまが契約をしてくださった場合

当然	ふう。ようやく成約できたか。
感謝	

⑤お客さまが紹介をしてくださった場合

当然	はーい！ありがとうございまーす！
感謝	

⑥お客さまから飲みに行こうと誘われた場合

当然	時間がないからまた今度にしましょう。
感謝	

⑦会社側の不手際で、お客さまに迷惑がかかってしまった場合

当然	なんで会社はこんなレベルの低いミスをするかな。イライラ。
感謝	

●セールスにおける「感謝」とは？

ではセールスにおける「感謝」と「当然」のわかりやすい例を挙げてみよう。

①お客さまと商談をするにあたって

「当然」だと思う人：あー商談か。はいはい……。

「感謝」できる人：貴重なお時間を私に割いていただくことに心から感謝。
必ずその分の幸せはお届けしなきゃ！

②お客さまが天候不良の電車遅延でアポイントに遅れる場合

「当然」だと思う人：そういうの、予測して行動できないのかなあ。
いい大人でしょうに。

「感謝」できる人：こんな天候不良の中、アポイントをキャンセルせずに、わざわざいらしてくれてありがたいな。

③見込み顧客だったのに不成約になってしまった場合

「当然」だと思う人：ふざけんなよ。マジであの客クソだな。

「感謝」できる人：自分のセールスを見直すチャンスだ。ありがたいな。自分が天狗になっていたせいかもしれない。

④お客さまが契約をしてくださったとき

「当然」だと思う人：ふう。ようやく成約できたか。

「感謝」できる人：私と商品を信じてくれたことに、心から感謝したいです。

⑤お客さまが紹介をしてくださった場合

「当然」だと思う人：はーい！　ありがとうございまーす。

「感謝」できる人：あー、本当にありがたい。

このお客さまに、さらにできることは何だろうか？

⑥お客さまから飲みに行こうと誘われた場合

「当然」だと思う人：時間がないからまた今度にしましょう。

「感謝」できる人：そこまで懇意にしてくださることが嬉しいです！
（お酒の席で新しいチャンスがあるかも。忙しいけど、どうやったら時間作れるかな？）

⑦会社側の不手際で、お客さまに迷惑がかかってしまった場合

「当然」だと思う人：なんで会社はこんなレベルの低いミスをするかな。イライラ。

「感謝」できる人：会社側もいろいろ事情があるんだろうな。会社があってこそ売る商品があるというもの。感謝の気持ちを込めて、セールスマンとしてできる謝罪をお客さまにしよう。

意識して「感謝」を心がけるようにしなければ、いつの間にかまた「当然」という考え方に引き寄せられてしまう。

常に「感謝」を忘れないということは本当に難しいのだが、それが身につけば人間関係がうまくいくだけでなく、自分自身が気持ちよくいられる。

当然だと感じていれば、特に嬉しくもなんともないことに対して、感謝できれば「ありがたい！　おかげで嬉しい！」という感情が芽生えるから。

セールスがうまくいき、自分も気持ちがいい！

与えられた状況を当然だと思い、セールスがうまくいかなかったらふてくされるセールスマンでいるよりも、ずっと生産性があるはずだ。

すぐに意識してみよう！

●エピソードＴＨＲＥＥ～「当然」から「感謝」へ

これもまた第3章のEさんと同じく、大手保険会社営業マンであるTさんの話だ。

私が主催しているセミナーにお越しいただいたお客さまであり、悩んでいる様子で私に相談してきた。Tさんは北海道出身。

幼い頃から成績優秀だったため、両親から期待されて惜しみなく教育費をかけてもらい、現役で立教大学に合格した。

下宿先も小ぎれいなマンション。

仕送りの他にも実家の母からしょっちゅう食材が送られてきて、お金にも食べるものにも困らなかった。

内気でおとなしく、女の子と気軽にしゃべれるようなタイプではない。

しかし、大学では体育会ラグビー部に入り、男臭い世界へと足を踏み入れた。

絵に描いたようなエリートのまま、就職もメガバンク。

しかし、銀行の仕事におもしろさを見出すことができずにいた頃、保険セールスの仕事を紹介してくれる人がいて、思い切って転職したのである。

保険の営業成績は平均に届かないぐらいで、決して満足できるものではない。

なんとかしようと弊社を頼ってきてくださったのだが……。

第一印象は〝不愛想〟だった。

笑顔は見せてくれる。

しかし、それは営業用に身につけたものであって、本当にこちらに向かって笑いかけてくれる笑顔ではなかった。

不機嫌なわけでも感じが悪いわけでもないが、積極的にコミュニケーションを取ろうという意思がないようだった。

ただ、Tさんが本来持っている雰囲気なのか、どこかふんわりとして人の話をきちんと聞いてくれる感じはある。

人として魅力的な部分を持っていながら、どうもそれが伝わりにくいようで非常にもったいないと思った。


いったい何が問題なのか……？

やがてわかったことは、Tさんには感謝の心がないということだった。

優秀な子だとほめられ、両親からなんでも与えられてきた。

まわりも認めてくれていた。

そうした恵まれた環境と彼の内気な性格が掛合わさって、まわりに感謝しない不愛想な人ができ上がっていたのだ！


セールスで大切なのは、ご紹介者を増やすことだ。

「このセールスマンがいい人だったから、友だちを紹介したい」

そんなふうにつながっていけば、お客さまはどんどん増えていく。

しかし、Tさんにはご紹介につながるセールスができていなかった。


まず、お客さまが買ってくださったことに対する感謝の気持ちが足りない。

そんなセールスマンに、自分の友人知人を紹介するだろうか？

また、たとえ紹介していただいても、ご紹介に対する感謝がない。

それではお客さまの方も、紹介する甲斐がないというものだ。


もったいない！

そう思った僕は、Ｔさんには人としての魅力があること、出会えたことに感謝していること、そしてＴさんにも感謝の気持ちが芽生えれば、もっと素晴らしいセールスマンになれるということを力説した！

そんなことをくり返し、数カ月が経ったのだが……。

先日、Ｔさんから長文のＬＩＮＥがきた。

「今までのことって、あたり前じゃなかったんですね。これからはもっと、まわりに感謝しないと。それに気づかせてくれた勝谷さんにも感謝したいです。僕からも勝谷さんに、何かできることはありませんか？」

これは、本当に嬉しかった！

もちろん本質的なコンサルも進めていき、すでに仕事でも結果を出しはじめているが、これからもっと彼の名前が営業成績上位に記されることになるだろう。

第5章
「愛」のろうそく

●「愛」とは

これまで「愛」という言葉を、あなたはどのように定義してきただろうか？

あまり深く考えない人なら、「相手に好意を寄せて、優しくすること」と簡単に答えるかもしれない。

この答えも、確かに「愛」の一部ではあると思う。

しかし、これだけでは本質を語ってはいない。


「愛」とは、目の前の相手にプラスを与えることだ。

相手の幸せを願い、相手にとってプラスになることのために行動する。

本当に相手のためになると確信すれば、たとえ自分が嫌われたとしても躊躇はしないはずだ！

そこが、単なる「優しさ」とはちがうところ。

たとえば、重い病気で手術しなければ助からない人がいたとする。

その人は、これまでに手術なんてしたことがないから怖いし、術後の治療やリハビリにも不安があって手術をしたくないと言う。

確かにそうだね、気持ちはわかる。

つらい思いをさせたくないし……。

あなたがその人に対して愛の気持ちを表現するとしたら、そうやって優しく共感するのだろうか？

いや、生きてもらうために絶対に手術させるのではないか⁉

これからもっともっと生きて、人生を楽しむというプラスを与えるために。

それこそが「愛」だ！


かわいそうだから、苦しませたくないから、本人がイヤがっているから……。

そんな理由で相手にとってのプラスを諦めてしまうとすれば、そこには「愛」なんてないということに気づいてほしい。

セールスに「愛」を持ち出すなんて、大げさだと思うかもしれない。

商品を介して会ったばかりの人に、愛を注ぐことなんてできっこない？

そんな考えでは、あなたはセールスなどできない！

セールスとは表面的な商品のやり取りではなく、人間関係の上に成り立つものであることを思い出そう！

お客さまと自分との人間関係がうまく構築されて、はじめて信頼の上に売買契約が交わされるのだ。

商品を通して、お客さまにプラスを手にしていただきたい。

幸せになっていただきたい。


そのお客さまとは、これから先も長いつき合いになることだってある。

リピーターになってくださったり、新たなお客さまをご紹介くださったりすることは、決してめずらしいことではないのだ！

こちらがお客さまの幸せを本気で考えるからこそ、お客さまもその愛に報いてくださるということだ。

愛がセールスマンの心とお客さまの心とをつなぐ、架け橋になってくれる。

優しく丁寧に、そして誠実に接する。

ただし、お客さまのためなら、ときには胸ぐらをつかんででも引き留めたり諫めたりすることがあってもいい。

その本気は、きっとお客さまに伝わるはずだ。

愛はお客さまを裏切らない！

そして、絶対にあなた自身をも裏切ることはない！

●「愛」の裏側に「憎しみ」がある

「愛」がない人間は人を憎んでしまう。

相手にプラスを与えようという気持ちとは無縁で、むしろ相手にマイナスを与え、自分が優位に立とうとするような人だ。

あるいは、自分がプラスを得るためならば相手がどうなろうと関係ないし、少しでも相手のせいで（意図的ではなくても）自分がマイナスを被るとすれば、絶対に相手を許すことができない。

この〝許すことができない〟という気持ちが、「憎しみ」につながっていく。

このような人は、自分の目に映るものすべてを「愛」のレンズではなく「憎しみ」のレンズを通して見てしまうから、いろいろなことが歪んで見える。

目の前で若者がお年寄りに席を譲ったのを見ても、感心するどころか平気で「偽善だな」などと思う。

そして、偽善者ではない自分を正当化する！

事実はひとつ、解釈は無数。

どんな事実でもどうとでも解釈できるし、もちろんどう思うかは個人の自由だ。

しかし、お客さまの言葉や態度といった事実を、「憎しみ」のレンズを通して解釈していたとしたら、よいセールスなんてできるはずはないのだ。

自分はそこまで悪い人間じゃないし、人を憎むなんてとんでもない！

そう思っていても要注意だ！

別に悪いヤツじゃなくたって、愛がなければ憎しみの炎は灯ってしまう。

「憎しみ」のレンズを通して物事を解釈する人間などと関わり合いになりたくない、というのが万人に共通する思いだろう。

お客さまには、そんなセールスマンを選ばない自由があることを忘れずに。

●「愛」にたどりつくWORK

今考えてみれば、あれは愛のない行動だった……。

もっと愛をもって接するべきだったのに。

そんな後悔や反省はないだろうか。

書き出してみて、なぜ愛がそこになかったのか、そしてどう改善すればいいのかまで考えてほしい。


これまで「愛」をもって行動することをしてこなかった者にとって、愛を表現できる人間へと変わるのは、気恥ずかしいことかもしれない。

でも今いる場所で立ち止まらず、成長を求めて変わっていこう！


憎しみがる人だったらどんな行動、考え方をするのかをまとめてみた。

もう一度、愛がある人だったらどんな行動、考え方をするのかを考えて書いてみよう。一流の人だったらどうするんだろうと新しい解釈を生み出し、自分の成長につなげたい。

①初対面のお客さまとお会いする場合

憎しみ	この人がどんな人かは関係ない。 どうやって売るかだけを考えるか。
愛	

②商品がお客さまに必要だと確信が持てるが、購入してもらえない場合

憎しみ	ここまで伝えて、YESと言わないって どういうこと？
愛	

③お客さまがクレームを言ってきた場合

憎しみ	は？あんなによくしてやったのに、 クレームなんてありえねー。マジでなんなの？
愛	

④契約してくださったお客さまへの想い

憎しみ	既存のお客さまに特に興味なし。 紹介をもらうためにハガキは送るけど。
愛	

⑤部下の会社に対する愚痴を耳にした場合

憎しみ	出来の悪い部下は放っておこう。 俺は売ることだけを考える！
愛	

⑥セミナーで知り合った同業者が調子がいいと聞いた場合

憎しみ	なんでアイツが売れるんだろう…。大したヤツ じゃないのに、何かうまくやってるな。
愛	

⑦まったく思うような数字が出ない場合

憎しみ	くそー！もう嫌になっちゃった。今までの お客さまも自分もどうでもいいや。諦めようかな。
愛	

●セールスにおける「愛」とは？

次にセールスの場面での「愛」と「憎しみ」の対比である。

①初対面のお客さまとお会いするとき

「憎しみ」がある人：この人がどんな人かは関係ない。
まあ、どうやって売るかだけを考えるか。

「愛」のある人：この人のこと、もっと知りたいな。苦手なところもあるけれど、
素敵な人だからこのご縁を大切にしたい。

②すごく親しくなり、商品がお客さまに必要だということに確信が持てるが、購入を決断してもらえない場合

「憎しみ」がある人：ここまで伝えて、ＹＥＳと言わないってどういうこと？

「愛」のある人：購入したら絶対に幸せになるはずだから、とことん話し合いたい！

③お客さまがクレームを言ってきた！

「憎しみ」がある人：は？ あんなによくしてやったのに、クレームなんてありえねー。マジでなんなの？

「愛」のある人：ご満足いただけなかったなんて申し訳ない。
今からできることはなんだろう？

④契約してくださったお客さまへの想い

「憎しみ」がある人：既存のお客さまに特に興味はなし。
今後は、紹介もらうためにハガキとかは送るけど。

「愛」のある人：あのお客さまは元気にしてるかな？
あのときお話されていたことは、その後どうなったかな？

⑤部下の会社に対する愚痴を耳にしたとき

「憎しみ」がある人：出来の悪い部下は放っておこう。
　俺は売ることだけを考える！

「愛」のある人：その愚痴が悪い循環を生んでることに気づいていないのはまずいな。
　指摘してあげよう。

⑥セミナーで知り合った同業者が最近調子いいらしいと聞いて

「憎しみ」がある人：なんでこいつが売れるんだろう……？
　大したヤツじゃないのに、何かうまくやっているな。

「愛」のある人：素晴らしい！　良かったですね！　自分の励みにしよう！

⑦まったく思うような数字が出せないとき

「憎しみ」がある人：くそー！　もう嫌になっちゃった。今までのお客さまも自分
　ももうどうでもいいや。諦めようかな。

「愛」のある人：思うようにうまくいかないのはなんでだろう？　自分のためにも

お客さまのためにも、必ず結果を出さないと！


セールスとは、お客さまがあってはじめて成り立つもの。

そのお客さまに対して、いかに本気で愛をもって接することができるか。

それが、セールスマンとしての成功のカギである。

ただし、成功したいから表面的に親切にするのはちがうということを、くれぐれも忘れないように！

●エピソードFOUR～「憎しみ」から「愛」へ

Yくんとの出会いは、私が主催しているセミナーにお越しいただいたお客さまだ。

当時、彼は大学生。

僕と同じ千葉県出身で、幼い頃からずっとサッカーをやっていたというので、バスケに打ち込んでいた僕としては共通項がある〝かわいい弟〟のような存在で親しくなった。

僕には打ち解けて話をしてくれたので最初は気づかなかったのだが、実は彼は大変なコンプレックスの持ち主で、世の中に対する憎しみや恨みを抱えながら生きていた。


彼は幼稚園の頃からサッカーをはじめ、ずっと熱心に練習していたのに、小学生になってもリフティングが3回しかできないほど下手だった。

当然、みんなからバカにされる。

勉強もサッパリできなかった。

まわりから「アイツは頭が悪い」と指をさされる。

家もかなり貧乏だった。

女の子に騒がれるようなヴィジュアルも持っていない。

何をやってもトロくさい。

とにかくいいところがない！

いつもいつも、まわりの友だちや先生からバカにされる人生。

ただひとり、小学校時代のサッカーのコーチだけはＹくんに目をかけ、優しくしてくれた。

そのコーチの存在がなかったら、彼はまわりから全否定されてどうやって生きてこられたかわからないほどだ。

とにかく、コーチだけが理解者だった。

しかし、それ以外の人たちは、Ｙくんにとっては敵も同然！

自分に冷たい視線を向け、軽んじる輩に対しては憎しみの炎を燃やした。

周囲への憎しみが抑えきれないほどになったとき、彼はサッカーを辞め、大学も退学してしまった。

サッカーを辞めたことでそれまで味方だった昔のコーチからも責められて、さらに孤独感を深めたようだ。

そんな彼が、唯一心を許して頼ってくれたのが僕だった。

大学を辞めて、さあ何をしよう？

以前、僕がアパレルで働いていたという単純な理由で、彼もアパレルで働くようになった。

しかし、仕事が遅い、できない、かえって邪魔になる。

ここでもまた結局はバカにされ、Ｙくんも恨みを抱えながら仕事をするので、ますますうまくいかない。

そんな状態の彼に、僕は兄のように愛をもって接した。

そして個人コンサルティングも試みて、恨む心がいかに不毛かということと、こちらから愛をもって接すれば必ず状況が変わることを伝えた。

ときには厳しい言い方もしたが、それは彼に本気で気づいてほしかったからだ。

バカにされて、そりゃあツラかっただろう！

だけど、サッカーが下手なのも頭が悪いのも要領が悪いのも、全部事実だよね？

それなら、ダメな部分を補ってまだ余るぐらいの愛される自分になる努力も必要！

それにこちらから愛を伝えれば、それに対してイヤな気がする人なんていない。忙しそうな人に代わって商品の運搬を引き受けたり、率先して電話応対をしたり、まわりの人たちのためのサポートを嫌がらずにくり返したら、彼らの態度も変わってくるはずだ。

もちろんお客さまに対しても、「お客さまにとってプラスになるようなこと」をするにはどうすればいいのかを考え、常に心がけていれば、セールスで必ず結果が出せる！

そして、セールスで結果を出す人間に対して、まわりは一目置かざるを得なくなるのだ！

君をバカにできる人はいなくなるよ。

憎しみからは何も生まれない。

Yくんのように、子どもの頃からずっと軽んじられてきた人間にとっては、人を憎まずにいることは確かに難しいことだろう。

それでも、陳腐な言い方かもしれないが「愛」は大きな力を生む！

その証拠に、人に対して愛をもって接することを心がけるようになったYくんは、全国2位という販売成績を挙げたのだ！

何事も平均より下のレベルにいたYくんだが、愛を知ったことでマインドが大きく変わり、大きな成長を遂げた。

第6章

「自責」のろうそく

●「自責」とは

仕事をしていく中で、うまくいくこと、いかないこと、いろいろある。

もちろん、わざと自分の評価を下げようとか損失を出そうとする人などいないわけで、常に何らかの成果を出そうと工夫や努力をすることが前提だ。

それでもすべてが思うようにいくわけではないし、むしろ「何もかもうまくいかない！」と苦しむことの方が多いかもしれない。


頑張っているのに、うまくいかないのはなぜだろう。

その理由を自分自身に求めることができる人は、「自責」の人である。

自分の仕事である限り、仕事上どんな結果が出たとしても、それは自分によって引き起こされたのだという自覚を持とう！

社会人なんだからあたり前だと思うかもしれないが、これができていない人というのが意外にもたくさんいるのである。

僕が学生時代からアルバイトをはじめ、そのまま正社員となって店長を務めたアパレルショップの話を思い出してほしい（序章参照）。

まったく集客ができていないショッピングモール内に入っているショップである。

アルバイトだけでなく正社員のスタッフも、同じショッピングモール内に店舗を構える他のショップのスタッフさんたちも、みんな口をそろえて言っていた。

「このモール自体に人が集まらないんだから、お店のものが売れるはずがない。売上げアップなんて、マジでムリに決まってるだろ！」

つまり、売れないのは自分たちの売り方の問題ではなくて、ショッピングモールの不便な場所や集客力のない構造のせいだというわけだ。

売上げが上がらないという結果は、自分の働き方によるものだという「自責」の感覚がまったく欠けており、ショッピングモールのせいという「他責」で片づけて諦めていた。

しかし、僕はそうは思わなかった。

「どうすれば少しでもこの店舗に集客できるかな？　それから、たとえ少ない集客であっても売上げにつながる接客やディスプレイってどんなものかな？」

ショッピングモールの場所やテナントの配置などは、僕にコントロールできるようなことではない。

自分が変えることのできないことに対して、文句を言っていたって何も改善できないじゃないか!?

それよりも、自分がコントロールできる部分で工夫をし、状況を変えていく。

つまりは、自分の責任でコントロールしきることだ！

こうしてコントロールしきった結果、全店舗で売上げ1位に輝くことができた。

うまくいかないことがあったとき、どうしてもその原因を自分以外に求めてしまいたくならないだろうか？

「○○だったから仕方ない」

「△△ではどうしようもない」

そんなふうに言ってしまえば、すごくラクになれる。

しかし、そうやってずっとラクをしていたら、あなたは決して仕事で結果を出せる人間にはなれない！

完璧に自分の責任を果たすことを考え、コントロールできるものを探して改善点を見つけよう。

そのために、何がコントロールでき、何がコントロールできないのかを確認しておきたい。

コントロールできるもの		コントロールできないもの
○自分		●相手（人）
○今		●過去
○行動		●生理反応
○考え方		●環境
○外見	能力	●天気
○言葉		●病気
○態度		●事故
○表情		●ケガ
○選択		
○決断		

あなたが自分でコントロールできるものは、あなた自身の能力である。

だから、うまくコントロールできれば能力が高まるということだ。

仕事のできる人は能力も高いということになるが、つまりは徹底的に「自責」を極めるためにうまくコントロールする能力を持っているからなのだと思う。


「自責」は中途半端では意味がない。

１００％自責！

１％でも他責になってしまったら、目標達成は遠のくことを覚えておこう。

●「自責」の裏側に「他責」がある

ここまで説明してきたように、「自責」の対極にあるのは「他責」だ。

自分の責任にフォーカスできない人間は、変えようのない〝コントロールできないもの〟のせいにばかりしてしまうし、タチが悪ければ他人の責任を追求して自分は素知らぬ顔をすることもある。

他責人間はどうしようもないトラブルメーカーだ！

いつも「どうして○○になってしまうんだろう……」と結果の出ない理由を考えるが、それが自分にあるとは1ミリも想像しない。

結局は自分でコントロールできないことのせいにして、「俺にはどうすることもできない！」とテンションも下がる。

するとフラストレーションも溜まっていく……。

自責に気づけないまま、失敗と自己正当化ばかりをくり返す。

自分の心を守り、甘やかしたいのであれば他責は有効だ。

しかしセールスやビジネスの現場では、他責はまったくの無意味。

信じられないことだが、中にはお客さまを責めるセールスマンすらいる。

残念でならない。

●「自責」にたどりつくWORK

他責な人だったらどんな行動、考え方をするのかをまとめてみた。

もう一度、自責を常に思える人だったらどんな行動、考え方をするのかを考えて書いてみよう。一流の人だったらどうするんだろうと新しい解釈を生み出し、自分の成長につなげたい。

①電車が人身事故によって遅延し、アポイントに遅刻した場合

他責	あー、ついてない！ なんでよりによって今なんだよ！
自責	

②お客さまからご紹介をいただいたが、紹介手順が間違っていた場合

他責	空気読んでよ。頼むよ。
自責	

③成約率を上げるためにプレゼンの質を上げたいが、うまくいかない場合

他責	会社が言ってる通りにやってるんだけど…。
自責	

④プライベートで恋人と喧嘩し、仕事に集中できない場合

他責	イライラ。仕事に影響が出てるのは 恋人のせいだ！
自責	

⑤お客さまが記入した契約書に不備があることに気づいた場合

他責	なんで、こんなこともちゃんとできないかなー。
自責	

⑥先月の売上げがイマイチだった場合

他責	競合他社があるしブームとかもあるしさー。
自責	

⑦セミナーに登壇！　しかし会場に寝てる人がいる場合

他責	マジムカつく！寝るなら帰れよ。
自責	

●セールスにおける「自責」とは？

「自責」の人と「他責」の人。同じ出来事に遭遇したときに、その考え方はまったくちがう。

具体的に見ていこう。

①電車が人身事故によって遅延し、アポイントに遅刻した場合

「他責」の人：あー、ついてない！　なんでよりによって今なんだよ！

「自責」の人：ギリギリに到着するような自分の余裕のなさが原因だな。お客さまを待たせてしまう分、何かお客さまにできることはないだろうか？

②お客さまからご紹介をいただいたが、紹介手順が間違っていた場合

「他責」の人：空気読んでよ。頼むよ。

「自責」の人：ご紹介の仕方まで事前にお伝えしておけば良かったな。

申し訳ない。

③成約率を上げるためにプレゼンの質を上げたいが、うまくいかない場合

「他責」の人：会社が言ってる通りにやってるんだけど……。

「自責」の人：自分がもっと学んで、専門的に話せることを増やさないと！

④プライベートで恋人と喧嘩し、仕事に集中できない場合

「他責」の人：イライラ。仕事に影響が出てるのは恋人のせいだ！

「自責」の人：仕事に集中するためにも早く解決したい。

お詫びのしるしに花でも買って謝ろう。

⑤お客さまが記入した契約書に不備があることに気づいた！

「他責」の人：なんで、こんなこともちゃんとできないかなー。

「自責」の人：あー！　前もってわかりやすくご説明しなかった自分の責任だ。

⑥先月の売上げがイマイチだった場合

「他責」の人：競合他社があるしブームとかもあるしさー。

まあ環境が悪いよね、仕方ない。

「自責」の人：環境があまりよくないという状況下で、売れるセールスマンは何をしているんだろう？　自分にもできることはあるかな？

⑦セールスマンとしてセミナーに登壇！　しかし会場に寝てる人が……

「他責」の人：マジムカつく！　寝るなら帰れよ。

「自責」の人：眠気も覚めるような面白い話がまだできてないんだな。

次回は眠気が吹っ飛ぶくらい面白い内容にしよう！

「他責」の人は、「自分には能力がない」とまわりに宣言しているようなものだ。
それは、セールスマンとしてみっともない姿だと思う。
いつも言い訳して、人のせいにばかりする……。
そんなセールスマンになりたいのか？

いや、絶対に！
１％も！
他責になってはいけない‼

●エピソードＦＩＶＥ～「他責」から「自責」へ

ホームページの制作に携わってきたＩさんは、どんなホームページが注目を集めるのか、閲覧者の反応を得られるのかを常に考え、工夫してきた。

実際に仕事をしていく中での感覚と理論とを組合せ、独自のWEB集客ノウハウを確立し、実践して結果も出していた。

そこでWEBコンサルタントとして独立し、WEB集客のノウハウを販売するにあたり、見込み客には会えるが、なぜか売れない。そんな日々が続いていたため、弊社を訪ねてきた。

「俺はこんなに素晴らしいコンテンツを売っているのに、よさを理解できないレベルの低い客ばっかりだな！」

彼はそう思っていたという。

そして、「本当にいい商品なら黙っていても売れる」と、大してセールスを重視していなかった。

そんなIさんに、僕は言った。

「いい商品があるのに、お客さまにモノが売れないというのは、セールスマンに問題があります。欲しいと思わせる前にセールスの考え方を見直しましょう」

これまで売れなかったのは、セールスを軽視し、売れない理由を自分ではなく、お客さまの側に求めてきたIさん自身の責任だ！

具体的に彼の不満を聞いていると、セールスの正しい知識と事前対応でなんとかできたことばかりに思えた。

「会う約束をしていたのに、ダブルブッキングしてしまったからとドタキャンされた……」

前日に確認の連絡をしておいたの？

「話を聞くだけ聞いておいて、『自分の仕事には使えない』と契約してくれなかった……」

そもそも、その商品を必要としてくださるお客さまだったの？

「電車の遅延で5分遅刻したら、怒られて契約を白紙に戻された……」

電車の遅延はよくあることなんだから、もっと余裕をみて行動すべきだったんじゃないの？

自分で反省もせずに、すべてお客さまのせいだと思っている。

でも本当は、どんなお客さまにどんな対応をされようと、お客さまの責任は1％もない！

すべては自分が引き起こしていることだと理解し、真摯にセールスについて学んで売る努力をしなければいけない。すべてが事後対応であることを気づくこと、問題が起きてからいつも気づくのである。だから自責という言葉の力を借りて、事前対応する癖を体得しなければいけない。

この「100％自責」を理解できたIさんは、もともと持っていたコンテンツにも魅力があったので、飛躍的に売上げを伸ばしはじめた！

自分の意識ひとつでこんなにも変わるものかと驚きながら、今はセールスのおもしろさに目覚めて生き生きと仕事に打ち込んでいる。

第7章

「主体性」のろうそく

●「主体性」とは

あなたには何らかの目標があると思う。
「○○したい」「○○が欲しい」という「願望」と言い換えてもいいだろう。
それを叶えたいと考えているからこそ、今このような本を読んでいるはずだ。

ここで断言しておきたい！
あなた自身がそのために行動をしなければ、決して願望が叶うことなどない！

あなたの願望が会社に大きな利益をもたらし、社会的にも貢献できる素晴らしいものだったとしても、ただ頭の中にあるだけで形にならないとしたら、ないも同然なのである。
思うだけでなく、あなたが一歩踏み出すことでそれを形にしよう！

待っていても誰かが代わりに実現してくれることはないし、誰かがやってくれたとしたら、それはあなたの願望が叶ったのではなくてその人の成果になるだけなのだ。

何もしなくてもお客さまがたくさん商品を買ってくださることはない。お客さまに買っていただけるように、何か努力と工夫をしているはずだ。友人が昔のよしみで大量に注文を入れてくれるというまい話もない。あるとすれば、友人に対して常に誠実に接して信頼を得ており、自分の扱う商品の良さについても熱を込めて語っているような場合だ。

大金持ちのスポンサーを得て、頼んでもいないのに自分のビジネスのために出資してもらえるなんていうタナボタもあり得ない。出資と同じぐらい、あなたがスポンサーに対して利益をもたらすことができる人材であると見込まれるのならば可能だ。

こんなふうに「運がいい」と思われるようなことだって、実はあなたが行動しているからこそ起こるのだ。

願望だけ抱いていて、本当に何もしないでラッキーにも成功できるのは、せいぜい小説やドラマの中の話だろう。


自分から何かをする。

それが「主体性」である。

闇雲に行動しても仕方がないので、真に「主体性」のある人は正しいアクションのためにたくさんのことを調べ、疑問があればわかる人に質問する。

そうした小さな積み重ねが、結果を大きく変えてくれるのだということを覚えておこう！

これまで僕がコンサルティングをしてきた中で、「主体性」を正しく理解して行動に移したお客さまは、みなさんおもしろいように結果を出すようになっていった。

それまでだって、別に何もしなかったわけじゃない。

けれど、「主体性」を意識して行動してみると、それまでの自分がいかに他力本願だったかがわかる。

さあ、すぐにはじめてみよう！

今のあなたは、「主体性」を持っているだろうか？

この問いに対して、「持っています！」と力強く即答できなければ、残念ながら結果を出す人間にはなれない。

この瞬間まで「主体性」を意識していなかった人も、今「主体性を持とう！」と決心しなければならないのだ！

そしてすぐにできることを探し、できないと思ったことをできるようにするために努力や工夫を重ねていこう！


まずは自分の願望や目標を確認してみよう。

「営業成績の社内順位トップ10に入りたい」

「売上げを伸ばして、社長賞を取りたい」

単に「仕事で結果を出す」というようなあいまいな願望よりも、このように具体的な方がいい。

具体性があればあるほど、そのためにどんな行動をとればいいのかがわかりやすいからだ。


言っておくが、願望を抱いているのはあなただけではない。

同じように成功を目指しているセールスマンは、いくらでもいるのだ！

だから、誰よりも先にアクションを起こさなくてはならない。

もし、まわりから先にアクションを起こされてしまったら、「やられた～‼」と悔しがる気持ちを持ってほしい。


のんびりしているヒマなどない！

常に未来をイメージして、必ず願望を叶えよう。

●「主体性」の裏側に「受け身」がある

「主体性」がなく待っているだけの、つまらない人間。

それは「受け身」の人である。

問題が起きても、いつも「誰かがどうにかしてくれる」と思っている。

努力して変化を起こす気もないし、ここにとどまっていても「まあ、どうにかなるだろう」と思っている。

現状で本当に大丈夫なのか？

今はよくても、将来を考えたら何もしなくても万全なわけがない！

「受け身」の人は自分から仕掛けるという思考がない。

拒絶されたくない、失敗したくない、笑われたらどうしよう……。

いろんな心配に負けて、自分から仕掛けることができないのだ。

逆に「主体性」のある人は、毎日のTo Doやあらゆる局面での選択肢に〝仕掛けること〟が入っている。

だから「受け身」のままでいたら、必ず主体性のある人に先手を打たれて仕掛けられ、仕掛けた側に成果を持っていかれてしまう。

受け身のセールスマンのところにまわってくる成果はない！

●「主体性」にたどりつくWORK

今まで受け身だった人も、そこそこ主体的に行動しているつもりでも成果が出なかった人も、こちらから仕掛ける完璧な「主体性」を手に入れることで明らかに変わることができる！

「主体性」にたどりつくＷＯＲＫで、しっかりと自分のものにしてもらいたい。

受け身な人だったらどんな行動、考え方をするのかをまとめてみた。

もう一度、主体性がある人だったらどんな行動、考え方をするのかを考えて書いてみよう。一流の人だったらどうするんだろうと新しい解釈を生み出し、自分の成長につなげたい。

①お客さまとの商談！　しかし相手とウマが合わない場合

受け身	もうこの人には売れないな、諦めよう。
主体性	

②ラポールは築けたが、そのあとどうする？

受け身	お客さまの話を適当に聞いていればいいや。
主体性	

③見込み顧客がいなくなった！

受け身	もう無理でしょ。どうすれば良いか誰か教えて。
主体性	

④交流会に参加したはいいが、知り合いがひとりもいない場合

受け身	誰か楽しませてくれる人はいないかな。 ってか、今日の交流会つまんないな。
主体性	

⑤今日はお客さまの誕生日の場合

受け身	自分、祝ってもらってないし、まぁいいか。
主体性	

⑥思いがけず一日オフになった場合

受け身	ゴロゴロして過ごしたいなあ。
主体性	

⑦会社から自分の目標を設定された場合

受け身	頑張るけど、めんどくさいなあ。
主体性	

●セールスにおける「主体性」とは？

セールスの場で、「主体性」「受け身」それぞれのちがいはどんなものになるだろうか。

①お客さまとの商談！　しかしなんだか相手とウマが合わない場合
「受け身」の人：もうこの人には売れないな、諦めよう。

「主体性」のある人：こういうタイプの人にはたくさん質問をするとうまくいくんだよね。いろいろ質問をしてみよう！

②ラポールは築けたが、そのあとどうする？
「受け身」の人：お客さまの話を適当に聞いていればいいや。
「主体性」のある人：弊社の商品に関する質問をしてみよう！

③見込み顧客がいなくなった！

「受け身」の人：もう無理でしょ。どうすれば良いか誰か教えて。

「主体性」のある人：どうしたら新しい見込み顧客開拓ができるかな？

④交流会に参加したはいいが、知り合いがひとりもいない場合

「受け身」の人：誰か楽しませてくれる人はいないかな。
ってか、今日の交流会つまんないな。

「主体性」のある人：ひとりも知り合いがいないなんて大チャンス！
どんどん交流して人脈を開拓しよう！

⑤今日はお客さまの誕生日！

「受け身」の人：ふーん。自分、祝ってもらってないし、まぁいいか。

「主体性」のある人：一年に一度のチャンス！　あのお客さまが好きだと言っていたプレゼントを贈ろう！

⑥思いがけず一日オフになった場合

「受け身」の人：ゴロゴロして過ごしたいなあ。

「主体性」のある人：セミナーに参加するか、お客さまに手紙を書くか……。どうしたら有意義に過ごせるだろう？

⑦会社から自分の目標を設定された場合

「受け身」の人：頑張るけど、めんどくさいなあ。

「主体性」のある人：ちょっと今回の目標を達成するのは難しそうだ。どうやったら達成できるか上司に聞いてみよう！


常にできることを探そう！

さらに質問したり調べたりしてみよう！

待っていても、ベルトコンベヤーで成功がやってきたり願望が叶ったりするわけがない。

成功者のエピソードには〝運や引寄せ〟があるように思うけれど、それだって想いと信念に行動が伴って、ようやく起きるものなのだ！

●エピソードSIX～「受け身」から「主体性」へ

Rさんは子どもの頃から内向的で、人間の友だちと遊ぶよりも虫や魚といった〝小さな友だち〟について調べたり世話をしたりするのが大好きだった。

成長するにつれてどんどん生物オタクになっていき、友だちは少ないけれど生き物に関する知識においては誰からも一目置かれるようになった。

そんなRさんだったが、大学在学中に同じ学科の友人たちから「一緒に起業しようぜ！」と誘われた。

それはカブトムシやクワガタの輸入ビジネスで、Rさんの知識がビジネスにぜひ必要だという。

友人といっても、同じ学科で会えば挨拶を交わし、たまにちょっとした雑談をする程度の関係。

そんな彼らと一緒に起業？

起業なんて自分では考えたこともなかったし、虫に関する知識を求められているとはいえ、大して親しくもない人たちと一緒にやっていけるだろうか。

もちろん、Rさんはすぐに返事をすることはできなかった。

しかし、友人たちはどんどん起業の準備を進め、Rさんに対してもすでに〝起業仲間〟のように接してくる。

Rさんは、それに対して意見を言うようなタイプではないので、気づいたら後戻りできないようなところまで起業が具体的になっていた。

そこでRさんは思った。

大学を卒業したら、どうせ働かなくてはならない。

自分は口下手だけど、就職活動なんてできるのかな？

生物関係の仕事なんて限られているから、それにこだわらずにどんな仕事であってもやらなきゃいけない……。

その点、もし起業してうまくいったら就職活動をしなくていいし、少なくとも虫に関わっていられる！

いろいろと進めてくれているし、起業すればいいのかな。


流されるように起業したが、学生の思い付きのようなビジネスで成功することができなかった。

しかも、もっとひどいことには起業仲間の友人たちに騙され、Rさんひとりが借金を抱えることになってしまったのである！


仕方なく、Rさんはアルバイトで食いつなぎはじめた。

起業しながら大学を卒業したので、普通の就職活動はしていない。

生きるために仕事をしなくてはならないし、借金も返さなくてはならない。

考えた末に、アルバイトと並行して水槽販売のビジネスを自分ではじめてはみたが、もともと内向的なうえに、友人たちに騙されたことでますます内にこもるようになり、ほとんど売れない……。

そんな苦悩の中にいる頃、なんとかしたいという気持ちがあったのだろう、Rさんは弊社のセミナーに参加してくれた。

そこからコンサルティングをはじめ、Rさんには「主体性」が決定的に欠けていることを指摘させていただいた。

自分から動かなければ何も変わらないし、自分で動いていいんだよ！

あなたが動くことによって、喜んでくれる人はいるんだよ！

いろいろ考えたり、知識を得たりしても、アクションを起こさなければ、それは意味がないんだよ！

くり返し話をするうちに、Rさんは目に見えて変化していった。

まず、質問が多くなる！

Rさんからの連絡も増えてくる！

つまり、Rさん自身からこちら側への働きかけの回数が俄然増えたのだった。

そのうち、ある水槽リース会社に興味を持ち、求人はないと知るも、どうしてもそこで働きたいと考え、社長あてに直筆の手紙を書いて採用を訴えた！

以前のRさんからは考えられないような行動だ。

熱意を認められて入社することができ、魚や水草ごと水槽を貸し出してメンテナンスや取り換えも行うという仕事に生き生きと打ち込んでいる。

営業成績もよく、社内の信頼も得ている。

そしてさらに、副業で自分自身も水槽リースビジネスを立ち上げて成功！

本業のリース会社とはうまく棲み分けをし、競合せずにむしろ協力関係になれるようなビジネスを実現した。

弊社にもぜひ、Rさんに水槽を設置してもいたい！

近いうちに美しく癒しを与えてくれる水槽が、弊社の受付を飾るかもしれない。

第8章

「熱意」のろうそく

「熱意」とは

「熱意」とは何かに対して一生懸命になることだが、その〝一生懸命〟のレベルが中途半端では意味がない。


もしもあなたの大切な人が、臓器移植をしなければ余命わずかだとする。

日本で臓器提供者を待っている時間もない！

海外で手術するしかない！

そうなったらあなたはその人を何が何でも助けるために、渡航と手術の莫大な資金をかき集めようと必死になるだろう。

何かに憑りつかれたように、朝から晩まで努力するにちがいない。

そこまでやって、はじめて本当の「熱意」なのだ。

僕が以前、メンタルサポートを担当させていただいたお客さまは、プロスポーツ選手を目指していた。

その方は、「プロスポーツ選手になるために意味のあることをすれば、必ずなれる！」という信念で、できることは何でもした。

ガソリンスタンドでのアルバイト中は、タイヤでの筋トレをしたりフロントガラスを拭くときの工夫でいかに筋肉をつけられるか考えたり。

トイレに入っている時間さえ有効活用しようと、トイレットペーパーを巻き取る速さで瞬発力を鍛えた。

僕がサポートしたのはメンタル面だけだったが、もちろんプロになった。

本当に熱意があるのならば、どんなことからだって学べる！

自分の身に起きたあらゆる出来事を学ぶ機会と捉えれば、たとえつらく悲しい経験をしたとしてもプラスに変えることができるのだ。

あなたに熱意があれば、学びは最速でインストールされる！

こうした大きな熱意のもととなるのは、ブラックパワーとホワイトパワーだ。

ブラックパワーというのは、簡単に言えば「見返してやりたい！」「ぶっ潰してやりたい！」というような気持ちだ。

ネガティブな想いから発する力だが、自分がまだ小さな存在であることを自覚し、それをバネにして頑張ろうという気持ちに火を点ける。

ホワイトパワーは、「貢献したい」「誰かの助けになりたい」という、ポジティブな思考から発する力だ。

人は自分のためよりも、誰かのための方が頑張れるという。


正反対ではあるが、どちらも強い力であなたの背中を押してくれる。

熱意を持って行動しよう、いや、しなくてはいられない！というほどの気持ちにまで駆り立ててくれる。


24時間、セールスにずっと夢中になっていられるエネルギーが、今のあなたにはあるだろうか？

もしその熱意が宿っているのなら、〝究極の一流への道〟を苦もなく歩めるはずだ。
どんなジャンルであっても、その道で〝究極の一流〟になりたいならば3万時間の勉強時間が必要だと言われているのだが、本当の熱意があれば、どんなに膨大な時間がかかろうともやり通せるだろう。

理屈に意味がないとは言わない。
しかし理屈で考えてばかりいては、熱意は生まれない。
あなたの中にある、人間らしい感情の高ぶりが仕事においても必要だ!
感情に流されるのではなく、感情を力にして目指す道を突き進もう!

●「熱意」の裏側に「怠惰」がある

熱意のない人間は、怠けてしまう。

その気にさえなれば、本当は誰もが熱意をもって過ごすことができるのに。

いつもダラダラしている時間を削って1時間早くベッドに入り、いつもより1時間早く起きることはできる。

朝の1時間があれば、30分読書をして30分仕事の下準備をしてから出社をすることもできる。

でもそれをする人はほとんどいない。

自責と主体性を理解し、熱意の火を灯せば、どんな状況からだってどこまででも行けるというのに……。

なぜだろう、どこか本気をセーブしている。

どうにかなると思っている。

怒られるギリギリまで後回しにしてしまう。

忘れていたふりをしてしまう。

もちろん、アクセル全開で毎日徹夜しろ！と言っているのではない。継続して成果を出すために、もしあなたに8時間の睡眠が必要なら、毎日しっかり8時間寝ればいい。

走り続けるばかりでなく、ときにはリフレッシュだって必要だろう。

僕が言いたいのは、心構え（マインド）の話。

口では「成功したい」と言いながら、どこかでムリだと思っていたり成功を本気で欲していなかったりする、その姿勢が怠惰な心を生んでいる！

是が非でも実現したい夢や目標がなければ、熱意も湧いてこない。

本当に実現させなくていいのか？

●「熱意」にたどりつくWORK

本気で求めてみよう！

どんな夢でも目標でも、あなたの熱意で必ず手にすることができる！

ただし、簡単ではない。

怠惰なままで一生過ごしたいのであれば、それは勝手にすればいい。

その代わり、努力の過程で得られる充実感や、叶ったときの達成感、まわりからの高い評価、それをきっかけとした仕事の広がりなど、得られるはずのものとは永遠に無縁なままだ。


何かを変えたい、結果を出したいと願うあなたには、ぜひ〝熱意のもと〟を見つけてもらいたい。

怠惰な人だったらどんな行動、考え方をするのかをまとめてみた。

もう一度、熱意がある人だったらどんな行動、考え方をするのかを考えて書いてみよう。一流の人だったらどうするんだろうと新しい解釈を生み出し、自分の成長につなげたい。

①朝、目が覚めたときに体調が優れない場合

怠惰	あー、もう最悪！とりあえずリスケして 寝ーようっと。
熱意	

②アポイントを取ったお客さまと、なんだか話が噛み合わない場合

怠惰	困ったお客さんだわ。 早く切り上げて次に行こう。
熱意	

③今日の勤務時間終了

怠惰	やっと終業時刻だ。帰って遊ぼ！
熱意	

④半月が過ぎて、今月の予算は達成できそうな状況の場合

怠惰	これくらいの数字を出していれば、 まあいいでしょう。
熱意	

⑤半月が過ぎて、今月の予算を超えられないペースの場合

怠惰	仕方ないじゃん。毎月毎月予算を超えるなんて、 そううまくいかないよ。
熱意	

⑥アポイントが多く、今日は疲れそうだという場合

怠惰	あー、疲れそうだなあ…。はぁ〜。
熱意	

⑦アポイントが少ない日の場合

怠惰	こんな日くらいサボってもいいよね。
熱意	

●セールスにおける「熱意」とは？

「熱意」のあるセールスマンと「怠惰」なセールスマンでは、仕事の取り組み方も結果も180度ちがう！

具体的に、どれほどちがうものかイメージしてみよう。

①朝、目が覚めたときに体調が優れない場合
「怠惰」な人：あー、もう最悪！　とりあえずリスケして、寝ーようっと。
「熱意」がある人：この体調ならお客さまと会っても迷惑をかけてしまうな。
どうしたら早く体調を治せるかな？

②アポイントを取ったお客さまと、なんだか話が噛み合わない場合
「怠惰」な人：困ったお客さんだわ。早く切り上げて次にいこう。

「熱意」がある人：どうしたら噛み合うかな？　お客さまの問題を解決して幸せになっていただくためには？

③今日の勤務時間終了

「怠惰」な人：やっと終業時刻だ。帰って遊ぼ！

「熱意」がある人：帰る前に何かできることはあるかな？家で休む前に本屋でも寄ろうか。

④半月が過ぎて、今月の予算は達成できそうな状況の場合

「怠惰」な人：これくらいの数字を出してれば、まあいいでしょう。ちょっとサボろうかな。

「熱意」がある人：このペースならもっといけるな！目標を超えて大きな成果を出そう！

⑤半月が過ぎて、今月の予算を超えられないペースの場合

「怠惰」な人：仕方ないじゃん。毎月毎月予算を超えるなんて、そううまくいかないよ。

「熱意」がある人：今からでも絶対に予算は達成できる。どうしたら良いのだろう？

⑥アポイントが多く、今日は疲れそうだという場合

「怠惰」な人：あー、疲れそうだなあ……。はぁ（ため息）。

「熱意」がある人：栄養ドリンクやお昼ご飯が重要だな。あと適宜どこかで休憩を作ろう。すべてのお客さまに対して全力でいくぞ！

⑦アポイントが少ない日の場合

「怠惰」な人：こんな日くらいサボってもいいよね。

「熱意」がある人：空いている時間をどう有効活用するか、だな。見込み顧客開拓や勉強など、やりたいことがたくさんあるぞ！

●エピソードSEVEN〜「怠惰」から「熱意」へ

某旅行会社に企業研修をお願いされ、研修後にKさんと出会った。Kさんは本当に怠惰な人だった！

留学経験があって、英語はペラペラ。

旅行会社に入社して営業を担当し、月々安定した給料を得ていた。

そんな〝安定した会社員〟が考えそうなことなのだが、Kさんは「もっとラクしてたくさん稼ぎたい！」と思ったそうだ。

そこで彼は、友人から誘われたネットワークビジネスの世界に足を踏み入れる。

権利収入が得られるなんて最高じゃん！

だって、労働しなくてもお金が入ってくるってことでしょ⁉

そんなイメージではじめたネットワークビジネスだが、もちろんイメージ通りの甘い世界ではない。

成功している人はみんな時間を惜しまず営業活動に邁進し、「この人の仲間になりたい！」と思ってもらえるように自分をいかにアピールするかを工夫している。

権利収入といったって、何もしないでお金が降ってくるわけじゃないのだ！

そんな努力もせずに「なんだかうまくいかないなあ」と不満を感じていたKさんは、弊社のコンサルティングを受ければ集客につながるテクニックを教えてもらえ、それを使いさえすればネットワークもどんどん広がるだろうと考えた。

とにかくラクに稼ぐにはどうしたらいい？

どんな職種で働きたいとか、ビジネスをどう成長させたいとか、そんなことはいっさい考えない！

彼にとって大切なのは、そんなに頑張らなくてもお金を得ることだった。

しかし、コンサルティングはきちんと受けてくれたので、次第にそんな考え方ではお金を稼ぐことなどできないと気づきはじめた。

世の中、自分の熱意がなくても成功することなどない。

苦しいことを選んで苦労しなければならないとは言わないけれど、たとえば自分の好きなことに心血を注ぐとか、与えられた役割を期待以上に果たすとか、自分が頑張れる、人よりも一歩努力できることでなくては、真の成功は得られない！

それに気づいてから、彼は変わりはじめた。


まず、ネットワークビジネスを辞めた。

ネットワークビジネスにも熱意が必要であることは理解できたが、もともとラクをしたいと思ってはじめたことである。

変化の第一歩として、自分のそんな考えをリセットしなくてはならなかった。

では何をしようか……？


英語ペラペラな彼に、僕は「どうして自分の得意なものをアピールしないの？」と聞いた。

「得意で好きな英語を仕事につなげれば、怠けていたくてもいられないほど熱中するようになるかもしれない。それに、留学をさせてくれて英語習得のサポートをしてくれたご両親も、すごく喜んでくださるんじゃないかな」


ご両親が喜ぶ、という言葉が彼の熱意に火を点けたらしい。

いわゆるホワイトパワーだ！

いつも自分のことだけを考え、できるだけラクに生きてきた彼だが、僕の言葉でご両親のありがたさに気づいたそうだ。

テクニックを知りたくて受けたコンサルティングでマインドの大切さを知り、新たな気持ちで英語のビジネスをやってみようと動きはじめた！


彼が選んだのは、英語コンサルタントの仕事である。

英語習得のためのノウハウだけでなく、マインドも伝えるようにしているそうだ。

「勝谷さんのコンサルティングと、ちょっと似ているところがあります」

先日、弊社を訪ねてくれてそう言った彼は、ビジネス立ち上げからわずか数カ月だが、売上げが絶好調だと伝えてくれた。

〝ラク〟と〝金〟にしか興味がなかった頃に比べると、顔つきもしまってイケメンになったようにも思える。

第9章

すべてのろうそくが灯る好循環をつくり出そう

●マインドレシーブマインドの連動

ここまでで〝幸せの7つのろうそく〟それぞれについてご理解いただけたと思う。そして、今あなたは「7つのろうそくって、なんとなく全部似てない？」と感じているのではないだろうか。

そう、その通り！

各章ではそれぞれのマインドレシーブマインドを表現したことで変化を遂げた人たちのエピソードをお伝えしているが、どれも「他のろうそくのエピソードにもできるんじゃない？」と思える部分があるだろう。

わかりやすく一つひとつについて説明するため、便宜上7つを章ごとに分けて語ったのだが、実は7つは切り離すことができないほど密接に関係し合っているのである。

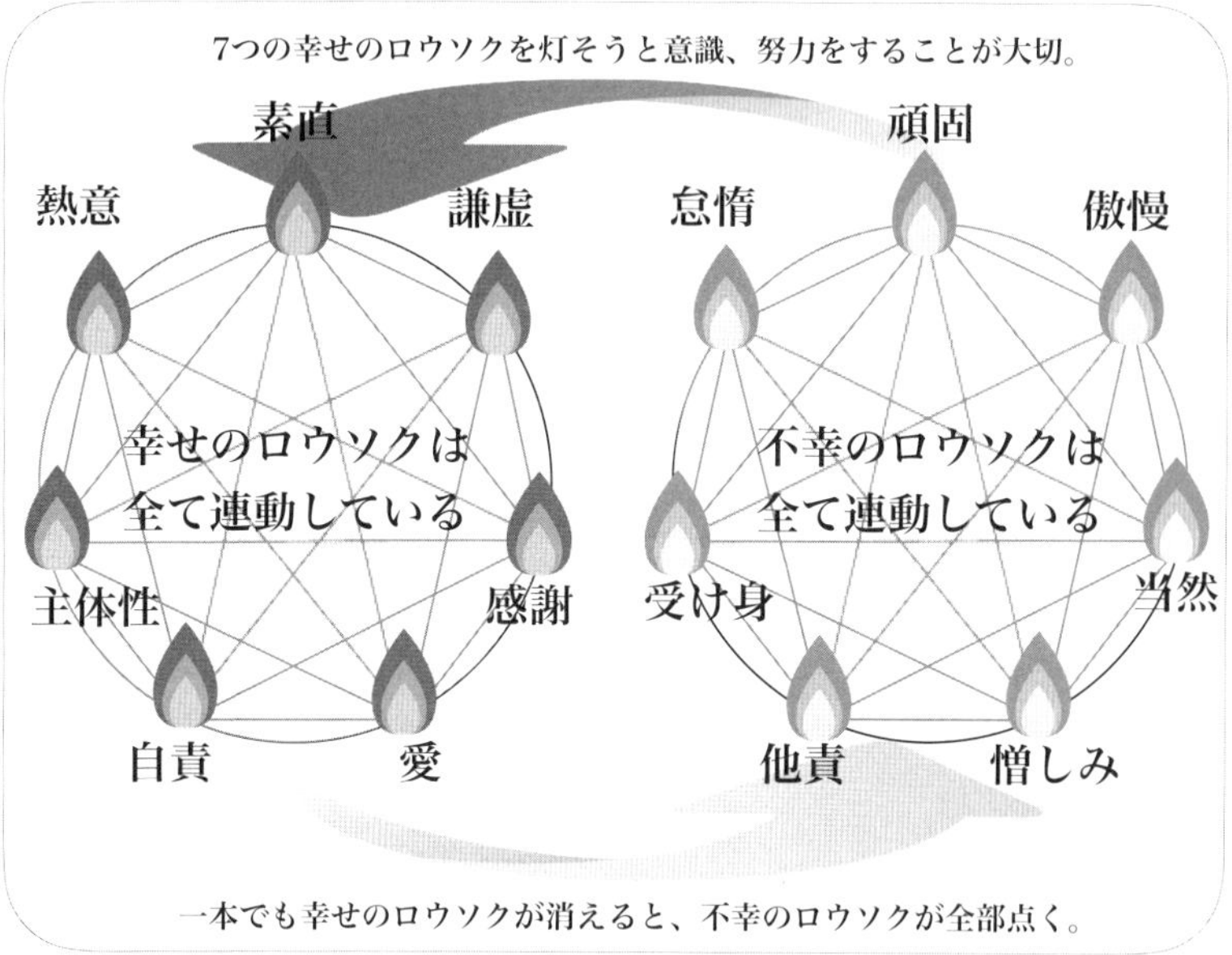
7つの幸せのロウソクを灯そうと意識、努力をすることが大切。
素直
熱意
謙虚
幸せのロウソクは
全て連動している
主体性
感謝
自責
愛
頑固
怠惰
傲慢
不幸のロウソクは
全て連動している
受け身
当然
他責
憎しみ
一本でも幸せのロウソクが消えると、不幸のロウソクが全部点く。

7つは常に連動し合って、マインドを受け止めて成長する可能性を持った人格を形成している。

たとえば、謙虚さのかけらもない傲慢な人が、人に感謝できるだろうか？

主体性もなく受け身の人が、熱意をもって何かに打ち込むことなどできるだろうか？

素直さのない頑固な人が、自責を認められるだろうか？

絶対に無理だとは言い切れないが、やはりほとんどの場合は連動し合ってこそ意味があると思う。

対極にある〝不幸の7つのろうそく〟も、同じように連動し合っている。

不幸のろうそくが連動した人間には、決してなりたくないものだ。

●ひとつが消えればすべて消える

連動している幸せのろうそくは、お互いに影響し合って好循環を生み、成果として大きな効果が現れる。
火を灯し続ければ、勢いの良い炎となって明々とあなたの心とまわりの人々との心を照らし、温かい関係性ができていろいろなことがうまくいく。

しかし、幸せの７つのろうそくは、努力していなければ燃やし続けることができないということを肝に銘じてほしい。
何も考えずに日々を過ごしていたら、人間は〝不幸の７つのろうそく〟の方に簡単に流されてしまうものだから。

素直に人の話に耳を傾けて自分に起きる出来事をすべて原則として受け入れるよ

りも、自分の考え方を譲らない方がラクだ。

謙虚に自分の未熟な部分を見つめるよりも、「自分はこれでいい」と思えた方がラクだ。

まわりの些細なことにも感謝の気持ちを持つよりも、自分の環境を当然だと受け入れて過ごす方がラクだ。

特に親しくもない初対面のお客さまにまで愛をもって接するより、イヤな人はイヤだと切り捨てた方がラクだ。

すべてを自分の責任だと捉えるより、誰かのせいにした方がラクだ。

自分からアクションを起こすより、誰かにお膳立てしてもらった方がラクだ。

目標のために自分の時間を捧げるよりも、遊んだり休んだりしていた方がラクだ。


だから、常に意識して流されないようにしなければならない。

もし、ひとつでも幸せのろうそくの炎が消えてしまったら、すべて消えてしまうのだ！

せっかく頑張って7つの火を灯したとしても、気を抜いて1本でも消えてしまったら、すぐにすべての炎は消える。

さらに、不幸の7つのろうそくは、ひとつ炎が付けば、全部に炎がつくのだ。

ラクをしようとしないこと！

そのために大切なのは、常にセルフチェックをすることだ。

炎が消えかかっていないか、ちゃんと勢いよく燃やせているか、客観的に自分を見つめてみよう。

決して「できているつもり」になってはならない。

それは傲慢に他ならないし、本当にできていたとしたら「できている」なんて思えないはずだ。

それはもちろん、僕自身にも言える。

たくさんの人にセミナーで訴え、カウンセリングを行い、このたびはこうして本という形でも〝幸せの7つのろうそく〟を幅広く伝えようとしている僕自身だって、

7つを連動させて燃やし続けることは難しいのだ。

「おまえにはできているのか？」

そう聞かれたら、常に100％できているなんて言い切れない。

でも言い切れないからこそ常に努力しているし、それだけ大切なことだからこそひとりでも多くの人に伝えたいと思う。

●それぞれの炎を意図的に現象化しよう

最後に、一番言いたいこと！

それは、〝幸せの7つのろうそく〟をまわりの人たちにもわかりやすく現象化してほしいということだ。

たとえ、しっかり理解してマインドレシーブマインドを心に宿したとしても、それがまわりの人に伝わらなければ、まったく意味がない！

自分の心の中だけに留めておいたら、そのろうそくの火は燃えていないのと同じである。

とにかく言動と行動を現象化すること！

恥ずかしい？
プライドが許さない？
面倒くさい？
具体的に何をすればいいかわからない？
本当にマインドレシーブマインドを理解できたら、そんなマイナスな感情からは解放される。

現象化し、自分もまわりも幸せになっていくことに喜びを見出だせるはずだ。

「素直」「謙虚」「感謝」「愛」「自責」「主体性」「熱意」を現象化するのか？
「頑固」「傲慢」「当然」「憎しみ」「他責」「受け身」「怠惰」を現象化するのか？

あなたは今もなお無意識に選択と決断をしている。
あなたは頑固にも、眉間にしわを寄せて、首を傾げているかもしれない。
あなたは素直にも、この本書を読み大事なところをメモしたかもしれない。
「えーめんどくさい」
それでもやらないかもしれない。
そう。ほとんどの方は絶対に行動に移さないだろう。

私が想像している「どうせ行動に移さないあなた」になってほしくない。
だから今から変わるのだ。
もうすでに変化はスタートしている。

だから無意識の意識化をしてみてほしい。

あなたは変われる。必ず幸せの７つのろうそくを現象化すれば、変化に感動するはずだ。

おわりに

本書をお読みになってみていかがだっただろうか?

もしかしたらあなたは、セールスに対して悪いイメージを持っていたかもしれない。

「セールスは泥臭い」とか、「この時代にセールスは古い」とか、「セールスって結局数字と根性の世界でしょ?」とか。

ちがうちがう!

セールスは本当に素晴らしいものだ。

お客さまが想定していないような幸せをお届けできるのが、セールス。

あなたの目標を達成させてくれるのが、セールス。

その秘訣は「現象化」だ。

あなたの心にあるものを現象化してほしいのだ。

心にあるだけでなく、出会うすべての人に7つのロウソクを現象化してほしい。

そうすれば、あなたの人生は驚くほどに好転しはじめる。


実を言うと、僕が「世界を変えたい」と思うのは、僕自身が人生で大きく挫折をしたからに他ならない。

僕自身が悩み、困り、苦しみ、途方にくれ、疲れ果て、泣いていた。


でも仕事に邁進するうちに7つのロウソクを体得し、それを現象化してきた。

気づけば、当時悩んでいた借金も、劣等感も、孤独感も、ビジネス上の大きな壁も全部消えていた。

僕自身が、この7つで人生のV時回復をしたのだ！

あなたも僕のように人生を大きく変え、望む幸せを手にしてほしい。

それは何であれ、必ず手に入るものだから。

具体的な手法を求める前に、まずは現象化を意識してみてほしい。

最後に、僕が普段セミナーでお客さまに投げかけている質問をあなたにも投げかけたい。

あなたにとってセールス力とはなんだろうか？

「　　」の中をあなた自身に埋めてほしい。

セールス力＝「　　　　」×「　　　　」

これはとても難しい質問だ。

どんな答えでも、間違いではない。

あなた自身がそう思うのであれば、あなたのセールス力がそれになるのだから。

しかしこちらで想定している正解はあって、今までに正解者はいなかった。
きっと予想だにしない答えだろう。

それをあなたにセミナーの場で伝えたいと思っている。

ぜひ一度弊社が運営している「エッセンシャルクラブ」に〝主体性をもって〟来てみてほしい。エッセンシャルクラブとは、上場企業の社長やベストセラー作家、有名コンサルタント、セールスマンのギネス記録保持者、日本代表スポーツ選手など実際に成果を出し続けている人の目標達成のエッセンシャル（本質）を学び、目標達成を体得できる会員制クラブのことである。

ＱＲコードもあるので一度詳細を見てみるといい。

最新のセミナー情報はfacebookページ上で絶えず配信しているから、ＷＩＮＲＩＮＧのfacebookページを「いいね」してほしい。

この書籍を読んでくださった方には、３０００円の参加費を無料にしている。

「セールスマン」「個人事業主」「脱サラ願望者」の方は多くの気づきを得ることができるだろう。

さらには、今の仕事を一生続けるの？　と言われ、「はい！」と自信を持って答えられないあなたはぜひ独立する前に体感しておくといい。

もし実際にお会いできたなら、僕があなたの人生を大きく変える手伝いをしよう。

そのときを、今から楽しみにしている。


人生はあなた次第でいくらでも良くなる！

最後はできるできないではなく、やるかやらないかだ。

できない気づきはいらない。やってない気づきをする。

本書を最後まで読んでくださり、誠にありがとうございました。

２０１７年７月

株式会社ＷＩＮＲＩＮＧ
代表取締役社長　勝谷　慶祐

【著者プロフィール】

勝谷　慶祐（かつや・けいすけ）

株式会社ＷＩＮＲＩＮＧ代表取締役。

セールス・能力開発コンサルタント。「幸せの7つのろうそく」の提唱者。

１９８９年生まれ。千葉県千葉市出身。順天堂大学卒業。

21歳の時に、アパレル会社にアルバイトとして入社。やる気を評価してもらい、すぐに店長に昇進。日本一売れない大手ショッピングモールで年間売上全国1位を獲得。３年間で２００％の売上に達する。

持ち前の販売力、マネジメント力、指導力を活かし、接客コンサルティング会社を設立するが、すぐに倒産。

師匠と出会い、人生が変わる。大手接客コンサルティング会社の取締役として常務。

雑誌「商業界」「ＣＯＭＰＡＮＹ ＴＡＮＫ」などのメディアにも多数特集される。

２０１５年9月に「変化に感動を」という企業理念のもとに、目標達成・能力開発会社、株式会社ＷＩＮＲＩＮＧを起業。大手、中小企業１００社以上をはじめ、年間１００００名の方にセミナー・講演・コンサルティング・オリジナル商品を販売している。

本書「幸せの７つのろうそく」を提唱し、教育界に新しい風を吹かせている。

■株式会社ＷＩＮＲＩＮＧ
http://winring.jp/

■株式会社ＷＩＮＲＩＮＧフェイスブック
http://goo.gl/wu67Pn

■エッセンシャルセミナー
http://winring-member.com/ec/

目標達成を体得できる
「幸せの７つのろうそく」
〜セールスの成功法則〜

2017年8月10日　初版第1刷発行

著　　者／勝谷慶祐
発 行 者／赤井　仁
発 行 所／ゴマブックス株式会社
〒107−0062
東京都港区南青山6丁目6番22号
印刷・製本／みつわ印刷株式会社
カバーデザイン／森川太郎
編集協力／尾﨑久美

ISBN978-4-7771-1932-5